付佳明◎著

租售并举的二元时代

中国住宅房地产发展的核心趋势、问题与解决方案

**China's Residential Real Estate Development:
the Cord Trends, Issues and Solutions**

中国国际广播出版社

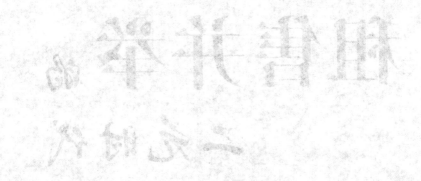

中国　住宅房地产开发的　主要趋势、问题与对策

China's Residential Real Estate Development:
the Core Trends, Issues and Solution

中国经济出版社

前　言

什么是二元时代

故去的二元时代

最初提到二元时代，首先想到的是多年前炒得很火的城乡二元格局，或者城乡二元经济结构。新中国成立后最早提出在局部建立城市户口登记制度，之后随着城市的发展，大量的农村人口涌入城市，这给本就物质供应紧张的城市带来了很大的压力，因此逐渐开始了对农村"盲目流动"人员进城的限制，他们被部分劝说或者直接遣返回原籍。但大跃进和工业的发展过程中，仍然有农民以"临时工"的角色征招到工厂。大量农村人口的潜入，增加了住房、教育、医疗和粮食供应等城市发展问题。

与此同时，由于人口外迁、自然灾害等，我国农村地区出现粮食减产等问题,为了深入了解各户情况,农村也正式开始了户口登记。城市与农村户口的分立,使得粮票布票、医疗、教育资源分配等出现了二元分立的差异,这种差异随着改革开放后城乡经济发展的不平衡,造就的城乡二元格局就此形成。

至今,原有的二元时代已逐渐被打破,美丽乡村的建设更让农村"旧貌换新颜",所以本书提到的二元时代,并非过去城乡的二元格局。

今日的二元时代

本文的二元时代,是指我国房地产市场在"租售并举"政策引导下具有明确趋势的二元发展现状,一方面商品房用地"面粉贵过面包"等引发了改善型住宅为主的商品房供应趋势,另一方面租售并举的政策指引,带动了地产公司等大举进入长租公寓市场,租售并举将成为我国未来住房供给的主要形式,也势必带动地产行业向二元时代的转变。对比业内人士曾提出白银时代、镀金时代等的说法,我更倾向于二元时代的概括。不可否认,地产开发面临着巨变的开发环境,但言之黄金时代已去还远远过早,典型房企喊了声"前面有雷别过来",自己闷声抢地、兼并整合的大戏这些年一直在悄然上演。

如周其仁老师在《城乡中国》中对城乡二元供地结构的描述,我国土地市场过去受城乡二元供地的结构限制。随着农村集体用地通过多种形式进入供应市场,将激发房地产市场新的发展契机。从国际经验上我们也可以看到,美国等发达国家已有百年的房地产市场发展历程，随着 REITs 等金融工具的开发，房地产市场焕发了新的活力，至今更呈现了黄金发展的态势。因此，把格局再放大一点，我国房地产的黄金时代可能远远没有到来，又何谈所谓的白银时代，更何谈所谓的镀金时代。

为什么说房地产市场即将步入二元时代

首先，从政策的角度看，我国自 20 世纪 90 年代逐渐取消福利分房制度后，市场中逐渐形成了以商品住房供应为主，兼有公租房、经济适用房等保障性住房的供应结构。而随着多年来房地产市场的不断发展，受投机投资等多种需求影响，近年房地产市场产生了波动变化的不稳定状态。为了房地产市场的稳定和可持续发展，我国坚持多种宏观调控并举，但房地产市场的量价走势始终呈现周期性的螺旋式上升。

另外，随着经济的转型升级和大都市圈的发展，劳动力不足和人口老龄化等潜在问题将成为制约我国城市未来发展的重要问题。如何实现有关部门政策目标中 1 亿流动人口的城市安居（我国城市现有流动人口约 2.47 亿），既是发展经济的重要课题，也是房地产行业供需结构调整的客观要求。基于这样的发展背景，十九大明确了政策基调——"房子是用来住的、不是用来炒的，坚持加快建立多主体供给、多渠道保障、租购并举的住房制度"。就此原有商品房和政策性住房为主体的住房供应结构，将逐渐转变为以租售并举为主要形式的二元体系：商品房和政策性住房继续通过销售的方式满足市场住房需求，同时租赁型住宅也将成为多主体供应、多渠道保障的重要主体。

其次，从土地供应的结构看，我们也可以发现这样的二元趋势。随着近年来我国房地产市场"去库存，调结构"的政策引导，一二三线房地产市场相继出现一房难求的火爆局面。随着市场中存量房源的快速销售，各地产公司为了获得未来发展的土地储备，不断推升地王的价格门槛，各重点城市的土地市场出现地王频发的现象。为了整体市场的稳定，为了保障人民的住房需求，各地政府纷纷增加土地供应以平衡地价，同时在土地拍卖过程中增加两限房（限未来商品房最高销售价格、限平均销售单价）、自持租赁型地块（限制使用功能）、公租房或规定7090户型比例等指标要求。各地招拍挂的土地指标中，出现了传统可售型土地指标与自持租赁型指标并存的发展方向，我国租赁并举的二元住房保障体系将逐渐进入历史进程。

再次，从未来住房产品的供应看，各重点城市现已成交的土地指标及属性决定了未来供应的住房无非只有两类。一类是传统性商品房的供应。由于土地资源的稀缺，且土地指标含有定量的限制性指标（配建、公租房或者经济适用房等），它们的建设需依靠可售型住宅的用地指标来分摊成本，所以房子还没盖，实际地皮的价格已经比临近的现房都贵很多，"面粉贵过面包"。这类住宅的开发一般情况下更可能采用豪宅的产品定位。另一类是政策型商品房和租赁型住房。由于政策型住房往往有户籍或者工作居住证（高新技术企业认定、其他高层次人才）等的要求，所以满足城市流动人口（农民进城务工、大学毕业生等）需求的更可能是租赁型住宅，比如长租公寓（long-term rental department，区别于我国商改住的"公寓"，国外长租公寓只是对平层住宅的一种称谓）。

综上，无论是从政府"坚持加快建立多主体供给、多渠道保障、租购并举的住房制度"的政策导向，还是从现有土地供应及未来住房供应的角度分析，我国的房地产市场的确即将进入租售并举的二元时代。

如何应对二元时代的到来

历史的车轮从不会因为一类人或者一个时代而停止它的更迭，变化是唯一不变的真理。作为吃穿住用行中的住，永远是离不开的话题。地产开发企业如何把握当今的趋势，决定了企业未来的发展角色或生死；地产行业的从业者如何了解和适应这样的趋势，也就至关重要。因此本书希望大家了解的即是这样的一种趋势，谈论的就是这个时代背景下地产开发的核心问题。

顺应市场需求永远是企业发展的第一要义，而如何理解政策引导下的市场趋势，并更新企业发展的核心能力，决定了地产开发的成败。如前文所述，二元时代的市场需求是什么？企业发展所需要的核心能力是什么？

习近平总书记在十九大报告中提出，我国已经进入了中国特色的社会主义新时代，我们所面临的社会主要矛盾是"人民日益增长的美好生活需要和不平衡不充分的发展之间的矛盾"。这体现在房地产市场中，一方面是人民日益增长的经济生活对高品质改善型住房的需求，另一方面是大量流动人口融入城市所产生的住房需求（政策房或者租赁型住宅等）。因此，如何在既定的市场条件下满足改善型市场需求和租赁需求，就好比"共同富裕，安居乐业"大船的船头和船尾。企业需要通过满足日益增长的改善型需求来获得市场利润，也需要通过满足政策红利下的租赁需求来实现企业的综合效益最大化。

综上，本文分析了中国房地产市场的最新趋势，提出了未来房地产开发的两种核心模式。第一种是传统型地产开发，将呈现以单一销售为主要形式的改善型供应模式，在重点城市呈现豪宅化趋势；第二种以租住为主要形式的创新地产开发，以长租公寓的开发为代表，将呈现火热发展的局面。

以销售为主要形式的传统地产开发呈现豪宅化趋势

由于近年来我国经济的结构调整和一系列的宏观调控，作为国民经济支柱的房地产行业发生了深刻的巨变，传统以销售为主导的地产开发模式面临着巨大的挑战。尤其是2015年至今，具有"控地价上限、限房价上限、开发商持有及自住商品房比例高"等特点的土地块供应逐渐由点及面，可建设的非政策性商品房用地日趋减少。在这种"面粉贵过面包"的背景下，高地价催生高房价，高房价催生高定位，北京、上海重点城市商品房供应市场呈现"被豪宅化"的趋势，其他重点城市也呈现改善型住房开发井喷的现象。豪宅化已经成为重点城市市场化商品房开发中不可回避的问题，豪宅项目的开发能力将成为标杆房企发展的核心能力之一。

房地产行业具有浓重的地域性，不同区域的客户对于产品的喜好受到历史文化等多种因素影响。豪宅类产品的客户具有区别于以往主流购房客户的差异性，对该类客户的判断和了解也将成为当前地产开发环境下的重要难点。顶级豪宅作为豪宅中的巅峰之作，它的营销无论是对高净值客户的理解，还是在营销的体系，都对豪宅营销具有很强的借鉴性。因此，本书的上篇意在通过对顶级豪宅营销进行解读，试图以"更高的营销心法"促进豪宅营销的理解，提升豪宅营销的内功而非奇技。

以租赁为主要形式的长租公寓亟须 REITs 的加持赋能

随着我国地产行业的转型升级，标杆房企的业绩规模和行业集中度日益提升，在"大鱼吃小鱼，小鱼吃慢鱼"的整合趋势下，如何实现由传统单一销售的地产开发模式向多元化租售并举的创新地产模式进行战略转型，已是各家房企的必选之路。长租公寓作为租赁型住宅的形态之一，迎来了政策的持续红利和资本市场的大力支持，预计将成为未来几年最白炽化的市场焦点。但是在政策支持、市场快速发展的趋势下，长租公寓的市场进入又存在着哪些核心问题？

简单来说，快速发展的长租公寓市场虽然备受瞩目，但在实际运作中却存在着一系列的发展问题，比如房源选点问题、房源成本问题、远期租金的上涨预测问题、空置率和周转率问题、利润率问题等，这些问题考验着长租公寓运营者和投资者的眼光和能力。无论是行业内的原有投资机构，还是战略性抢滩的知名开发企业，当前都属于战略摸索阶段。长租公寓现有盈利能力有限，又面临着激烈的市场竞争，只有规模化的兼并或者整合才是降低运营成本的可能，才是实现可持续发展的必然之路。当前阶段，如何能够寻找到有效的盈利模式、融资模式、退出机制，这些更决定着长租公寓是否可以实现所谓的"前期不赔就是赚"。只有从现有的窘境中寻找到一条令各方都满意的光辉大道，实现企业价值的可持续增值，这才是当前阶段企业发展所需的核心能力。

REITs被专家学者和业内认为是长租公寓实现规模化扩张和合理退出的最佳选择。随着证监会、银监会等监管机构的政策指引和国内外条件的成熟，REITs的最终落地将助力长租公寓的未来发展。因此，本书的下篇将围绕长租公寓REITs为核心，重点阐述我国长租公寓REITs发展所面对的当前问题和潜在问题，力图通过中外理论和实践的研究，促进长租公寓REITs在行业的应用和发展。

本书的主要内容

本书以租售并举下的二元时代为背景，通过从传统销售型的顶级豪宅营销到长租公寓REITs的问题研究，深入解读了企业从事地产开发所须解决的核心趋势、问题和解决方案。从整篇结构看，上篇为顶级豪宅的营销心法，下篇为长租公寓的REITs研究。各章节主要内容如下：

第1章，中国地产的豪宅化。开篇重点分析了我国重点城市地产开发豪宅化的背景和趋势，通过"面粉贵过面包""被豪宅化的地王危局"等阐述了顶级豪宅营销研究的背景和重要性。

第2章，顶级豪宅营销现状及问题分析。首先明确了豪宅产品的特征及分类，并对豪宅营销的特点及目前营销中存在的普遍问题和案例进行了详细分析，具有较强的现实意义。

第3章，高净值人群具有怎样的置业行为。首先通过大量的深度访谈和成交数据（含福布斯排行榜多人置业数据），提出了豪宅客户的共性特征和置业趋势，指出了高净值人群个性化置业需求的变化和发展，得出了高净值人群置业特征、偏好和期望的结论，为下一步研究奠定基础。

第4章，基于7Ps服务营销理论的顶级豪宅营销策略。通过大量查阅文献、市场数据，结合国内外关于置业行为和豪宅营销的相关理论，确定了以7Ps服务营销理论为研究框架，以高净值人群的置业行为特点为分析基础，以北京典型顶级豪宅营销实例作为论据支撑的整体策略和措施。

第5章，井喷之势的长租公寓。首先分析了的政策背景和行业现状，进一步描述了我国长租公寓市场的亿级人口需求和万亿级的市场潜力。

第6章，长租公寓发展的窘境和未来。描述了长租公寓发展中面对的诸多核心问题，论证提出REITs不仅是解决长租公寓窘境的最佳途径，而且具有助力长租公寓未来发展的实施可行性。

第7章，REITs理论发展及模式研究。首先对REITs的起源发展和国际模式进行论述，之后以中国落地的日渐成熟为题，详细地讲解了我国对REITs模式的理论研究，对国内REITs的发展模式和案例进行了重点解读，提出了我国REITs发展的问题和困境。

第8章，我国长租公寓REITs模式设计。本章主要是回答

REITs 发展的模式问题，提出我们该选择的发展道路和路径，引出我们还需要做的准备工作，并对目前长租公寓企业 REITs 所忽略的风险防治提出自己的一些建议。

综上，本书的上篇提出了基于高净值人群置业行为的顶级豪宅营销研究。文中提出豪宅营销的渠道管理应该以拉引策略为主，推动策略作为辅助，构建大渠道拓展体系和全面拦截体系。豪宅营销的客户体验管理应该建立两个场景、九大触点的豪宅展示体系，通过加强对"内部人"的人本服务，实现精细化服务流程的细化管控。而在影响客户期望管理的过程中，豪宅营销应采用以客户体验为中心的会员制营销模式，在产品包装、定价和服务中力求价值与价格相吻合，强调在客户"买时"和交付后的"住时"实现客户期望的全流程管理。本文不仅分析了各项策略提出的背景、问题、案例等，对具体的管理和执行体系也进行了图例和讲解。

本书的下篇提出了长租公寓发展背景下 REITs 模式的研究。文中通过对我国长租公寓的市场及未来发展问题研究，结合国际国内最新发展的理论成果和模式研究，提出我国应该借鉴中外成熟经验，在发展初期率先确认契约型 REITs 的法律地位，支持权益型和混合型 REITs 的收益模式，指出我国 REITs 可以从私募、类公募到公募型实现募集资金方式的转变，并认为我国 REITs 的下一步应尊重客观的实际国情，从现有类 REITs 的模式中进行调整，形成具有中国特色的 REITs 发展道路。提出 REITs 在未来发展中，需要通过立法或者行业规章进一步明确各方主体的责任，确定交易的合理方式，打通 REITs 投资对大众投资者的退出通道。最后，研究和提出了

REITs 潜在风险的应对办法，提出应该坚持政府监管、法律约束与行业自律相结合，走中国特色的社会主义监管道路，提供了从经营风险控制、管理风险控制、外部监管策略到道德风险防范的系列建议。

　　我国房地产市场正处于租售并举下二元时代，在二元时代的转型过程中，无论是房地产企业，还是身处这一转变中的每一个人，我们都需要深刻理解这一趋势和变化，做好自身或资产的投资规划和优化配置。由于学术水平和数据资料等的限制，本书对国内二元时代的论述还不够全面，主要是从置业需求的两极出发，分别研究顶级豪宅和长租公寓的核心问题及解决方案。希望本书的一些思路、方法和观念对于地产转型期的人们有一些启迪和思考。

付佳明

2018 年 1 月

于美国密苏里州立大学

目　录

上篇：顶豪元年的营销心法

——基于高净值人群置业行为的顶级豪宅营销研究

第一章　中国地产的豪宅化

1. 为什么要开发豪宅

1.1 日益增长的豪宅需求

改革开放以来，我国国民经济得到快速的发展，已经成为仅次于美国的全球第二大经济体。随着我国国民财富的日益增长，快速增长的高净值人群带动了越来越多的置业需求，房地产开发已占据国民经济的主导地位。然而，进入 2010 年后，房地产行业逐渐走出暴利的黄金周期，开始逐渐进入存量房时代。商品房的供应结构受政策及土地限制等影响发生了较大变化，它的"被豪宅化"加大了开发企业的营销难度，亟须我国顶级豪宅营销研究的丰富和更新。

（1）快速发展的经济带动了个人财富积累，高净值人群的规模快速扩大

随着国民经济的发展，截至 2016 年，我国 GDP 已达 11.2 万亿美元，人均 GDP 增长至 8126 美元，高净值人群的规模也快速扩大，如图 1–1 所示。

2012-2016 年中国 GDP 及人均 GDP 变化

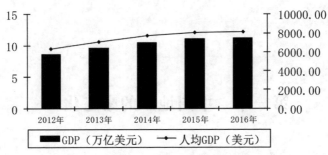

图 1-1 近五年中国 GDP 及人均 GDP 变化

Fig.1-1 China GDP and GDP per capita: 2012-2016

（数据来源：中国国家统计局）

中国泰康人寿及胡润百富 2016 中国高净值人群医养白皮书中指出，截止到 2016 年 5 月，我国大陆地区已经拥有的千万高净值人群的数量达到了 134 万，相对 2015 年增长了约 11%，如图 1-2 所示。

2012-2016 年高净值人群数量变化

图 1-2 近五年中国高净值人群数量变化

Fig.1-2 China High Net Value Population: 2012-2016

（数据来源：胡润研究院）

（2）高净值人群的置业意愿强烈，以豪宅类住宅需求为主

首先，根据万科集团研究中心撰写的《中国富裕群体消费行为和投资偏好研究报告》显示，高净值人群随着财富的进一步积累、家庭成员的变化等因素，他们期望进一步提升居住的品质和舒适度，同时实现资产的保值增值。随着高净值人群规模的快速增长，他们对于固定资产的需求更加旺盛。

其次，胡润研究院发布的《2017 至尚优品——中国千万富豪品牌倾向报告》也认为"随着 2016 年房地产市场的回暖，房地产重新成为高净值人群最主要的个人投资方向，29% 的受访者青睐地产作为投资首选[1]"。

我们根据房地产市场的成交数据分析发现，整体市场规模中住宅市场的供求比例占据了市场的绝大部分（如图 1-3 所示），高净值人群置业的需求类型也符合这一趋势。

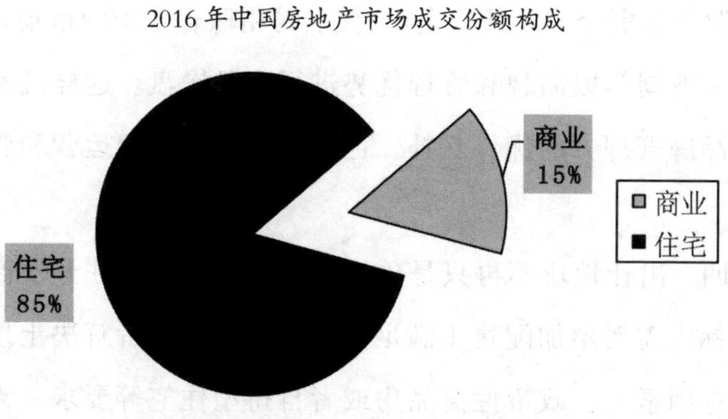

2016 年中国房地产市场成交份额构成

图 1-3 2016 年中国房地产市场成交份额构成

Fig.1-3 The area weight of China's real estate market share

（数据来源：中指数据库）

1.2 "面粉贵过面包"的供应趋势

近年，国内一二线城市的房地产市场呈现量价大幅上涨，"地王频现、面粉贵过面包"的现象助长了各城市房地产市场的持续火爆。究其原因：

其一，近年出现地王的城市或者区域往往是我国重点的一二线城市，这些城市人口流入量较高，其交通、教育、配套等资源的投入带动了所在区域的发展和地价的提高，这是一种正常的价值增值现象。

其二，房地产市场的销售进入上升阶段，房地产企业须购置新地块作为长期开发的储备，满足股东对上市房企未来发展及利润的预期需求。所以在土地价格、招拍挂溢价率逐年上涨，且涨幅远高于房价的情况下，房企被迫尽早拿地。

其三，地王的出现也与近年房企拿地方式的变化有关。近年地王的拿地方式多为企业联合的方式，联合拿地时的土地成本多源于央企或险资等资金成本低的企业，然后再由联合方中的市场化企业，如万科、龙湖等以品牌和管理优势进行小股操盘。这样既实现了资金方和品牌管理方的优势互补，也弱化了项目后期运营和管理的财务风险。

其四，出让地块不再只是单一的居住属性，往往开发商拿地时土地指标内需要增加配建（满足区域商业发展或者解决土地原有居民就业等因素）、政策性商品房或者自持型住宅等要求。无论其中哪一部分的开发和建设，其核算成本时都将分摊到商品房的土地指标上，所以土地的实际楼面价格远超过招拍卖价格。

房地产公司为应对"面粉贵过面包""可售面粉越来越少"的不利情况，面对市场量价齐升的趋势，一般会采取提价或者惜售的行为，以获取前期投资的超额利润，超额利润也进一步刺激了房企对未来市场的信心，助长了其获取后续土地的勇气和魄力。

尽管经过了多轮调控和自发的市场调整，从目前市场的情况看，非政策性、非租赁型的可售商品房用地仍然呈现日趋减少的现状，且趋势仍然在一二线城市加剧。各重点城市中具有优越位置的"地王"地块相对稀缺，他们的出现必然会成为众多房企竞相获取的"地王"。今日的土地获取决定了企业未来的存亡，这一现象将使得可售商品房市场在重点城市或区域呈现被豪宅化趋势，未来豪宅市场的竞争将尤为激烈。

2. 什么影响顶豪项目成败

2.1 被豪宅化的"地王"危局

虽然土地的供应出现"限地价、限售价、限自持年限、限政策房比例"等一系列的调控，但是难以阻挡一个又一个地王的诞生。对于房企而言，谁获得土地谁才是下一个时代的王者。面对地价的不断攀升，一般房企会有这样的理解：既然土地价格高了，我们的售价当然可以定得更高（虽然政府限制预售价格，但市场中常以捆绑销售精装修或者车位等手段来变相涨价），一是因为竞拍地块周边的房价会受到拍地价格的影响，率先实现领涨；二是可以通过延长土地的开发周期，采用小步慢跑的策略来实现价格和利润的马拉松；三是随着经济的发展、通货膨胀和利率的变化等，楼市成为众多人士必选的投资保值手段之一。

　　如果房企都有着这样的想法，在面对同样的土地，为什么各家企业的价格承受能力又有所不同？当土地拍卖时，同样的一块地除了原有传统的商品房建设指标外，还会进行配建、两限房或者自持型商品房比例等的申报和竞标。因此今日的地王除了土地拍卖价格的压力外，还会面临其他非可售土地指标的后期运营压力。因此，对于同样的一个地块，怎么能实现总利润或者 ROE 的最大化，就会因为不同企业的定位不同而有所差异。对于这部分的差异，有的企业可能想到通过压缩建安或者其他成本来实现，不过这种类型的企业多出现于中小城市，常因为质量问题等逐渐被市场所淘汰。另外一些好一点的企业，对于土地中的住宅指标可能常用的办法是通过对容积率"拉高拍地"的拆分，实现可售商品房价值最大化（降低了整体土地指标中政策性房屋的朝向、单位绿化等）和高利润产品最大化（低密度别墅或者花园洋房等面积最大化或者大面积平层产品等）等实现较高的盈利可能。甚至有的企业还可能通过"地下空间的地面化（如图 1-4 所示）、室外空间的室内化、公共空间的私有化、商业面积的住宅化、界外地的庭院化"等多种手段来提升地块总体可售利润。除了这些产品创新外，部分企业会通过引入国际学校、高端医养或者产业资源等提升所在土地的居住或者后续发展价值，进而提升所在地块后续销售的价格，不过此类方法多用于大体量地块的开发和运营。

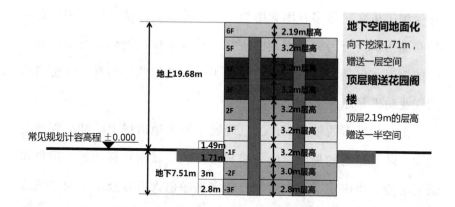

图1-4　通过地下空间增加顾客价值示意

Fig.1-4　The method to add consumer surplus value by the design of basement

　　然而，对于拿到地王或者准备拿地王的各类房企，拿与不拿都是一个痛苦的选择。虽然目前可以采用上文中的一些手段来实现公司内外的成本核算和审批，但是对于任何一个项目而言，从图纸到最后的成功这条路很漫长。面对房企对于土地性质或者使用用途的违规"设计"，虽然市场中存在默许的潜规则，但是随着政策压力的上升，房企如上的技法随时可能失灵或者夭折。而且对于大多数的土地价值增值的方法而言，无论是地下空间的利用，还是其它附加值的赠送，虽然可以对项目的整体运作起到重要的作用，但是无一例外仍然是采用豪宅或类豪宅的产品定位，鲜有其他可行的成功法则。纵使提高了总体的账面货值，如果定位不符合客户的置业需求，后期营销遇阻，项目随时会因现金流等出现难以挽回的损失。如何满足豪宅客户的置业需求也便成了房企运营豪宅项目的工作核心。但是房地产行业具有浓重的地域性，不同区域的客户对于产品的喜好受到历史文化等多种因素影响。虽然传统的消费者行为理论对一般商品的消费行为做了详细的研究，对普通住宅的购买行为也有一定的探讨。但是客户对于豪宅的购买，从获得购买信息、评价指标到置业动机等都有非常大的差别。

在一线城市的带动下，二三线城市的土地市场也陆续出现地王频发、陆续抢地的局面。由一线城市向二线城市转移的地王现象和豪宅走势，也决定了原本就没有较多高净值人群置业需求的二三线城市，出现更复杂更艰难的地产开发局面。如何进行现有地王项目的后续开发，其中被豪宅化是谁也躲不开的坎儿。

2.2 豪宅营销成为房企传统开发模式的关键

对我国大多数房地产开发企业而言，豪宅的开发，由于脱离了原有主流住宅的刚性需求等，其对置业客户需求的准确把握和营销是大多数房企面临的不破之解。一方面面临的是商品房市场被豪宅化，另一方面高净值客户需求的复杂多变。在这两个方面之间如何实现匹配，如何破解土地"被豪宅化"的营销难题成为曾高价拿地的开发商普遍面临的问题。这需要房地产从业者及研究者给出答案，但这需要的不仅是智慧，也更需要时间。

如何有针对性地提升对豪宅客户的研究水平，如何提升营销技能和方法，从而指导产品定位研发及销售，这些问题的解决要求企业扭转过去"高周转、高杠杆、标准化、低成本"的传统主流住宅销售模式，实现以"高价值＋高品质＋定制化"的顾客价值增值路线。由于顶级豪宅开发属于豪宅金字塔的最顶端，因此顶级豪宅营销对豪宅具有更高的借鉴性。且顶级豪宅客户中的高净值人群，他们的置业行为代表整体客群的置业趋势，通过对该类客户的研究，有助于企业营销管理及科学决策，指导企业进行有效的豪宅营销建设，促进豪宅项目运作得更加成熟。

综上，基于高净值人群置业行为基础上的顶级豪宅营销研究，有利于探索出满足我国豪宅发展的营销方法，有利于房地产行业和企业的可持续发展。本文在研究高净值客户置业行为分析的基础上，结合房地产相关营销理论，将提供探寻顶级豪宅进一步的营销解决方案，提供豪宅营销可以借鉴的营销心法。

第二章　顶级豪宅营销现状及问题分析

1. 什么样的房子才能冠之"顶豪"

1.1 顶级豪宅及其特征

（1）豪宅与顶级豪宅

关于豪宅的定义，不同的国家、不同的城市、不同的区域都会给出不同的理解，因此，这是一个相对的概念，它与一个城市的经济、文化和所处的城市阶段都有着直接的关系。我国国内豪宅营销的专业机构给出的定义也有差异，如表2-1所示。

表2-1　中国豪宅的不同定义
Table2-1　Different definitions of luxury house in China.

专业机构	定义
世联行	它们是相对高度集中的，且占有城市资源的住宅
中原	一个社会的少数富裕阶层，通过市场方式过度占有稀缺资源的一种居住状态
易居	在豪宅供求结构中，它处于量少质高的金字塔尖位置，其对应的目标市场也是处于社会结构中金字塔尖的少数富裕阶层。而顶级豪宅是最高层次的高端住宅，是上层社会享受高品质生活、彰显身份地位、体现阶层文化的物化空间形式

有人认为"顶级豪宅，是在房地产市场发展到一定的阶段后，能极大限度地满足社会顶端极少数人占有相对稀缺的资源，同时资源数量、销售价格、产品性能、土地价值等同比处于城市最高水平，且以整体价值最大化为主要标准的高级住宅[18]"。从价格角度看，以北京为例，顶级豪宅泛指总价在 3000 万元或者单价在 10 万元/㎡以上的顶级豪宅。本文认为除了以上特点外，顶级豪宅需要具有超越一般社会群体的人文内涵及身份符号，甚至精神的含义已经超越了建筑本身。

（2）顶级豪宅特征

1）价值内涵具有丰富性

豪宅的销售单价或总价一定是一个城市价格与价值的天际线，它的客户必然处于所在社会财富金字塔的顶层，它的产品也必然具有相当的豪宅价值。豪宅的价值，一般有这些方面，如图 2-1 所示：

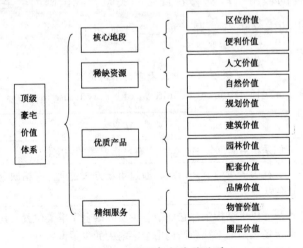

图 2-1 顶级豪宅价值体系

Fig.2-1 The value system of top luxury house

①处于城市核心或重点发展的优势地段，适宜于第一居所；

②占据稀缺的自然景观资源或历史人文内涵；

③极致的建筑及园林规划和施工，有难以复制的独特特征；

④拥有着一定的品牌，提供精细化的物管服务和圈层资源嫁接的平台。

2）价值外在形态的多样性

不同国家的豪宅形式也是多种多样的。在国外，由于国土辽阔，人口密度相对稀少，豪宅主要以庄园和城堡为主；在我国大陆，由于房地产发展的历史较短，新区和旧城相互错杂，地块的尊贵差异区别较小，所以豪宅在不同区域具有不同的多样性。

1.2 顶级豪宅分类

顶级豪宅按照不同的标尺会有着不同的分类，通常情况下我们按产品的形态、所具有的资源禀赋、与城市的位置关系分为三个大类，如表 2-2 所示。

表 2-2　我国顶级豪宅的主要划分标准及分类
Table 2-2　The classification of China's top luxury house

划分标准	类别
产品形态	独栋、联排、叠拼、双拼
资源占有的角度	自然资源类、人文类
与城市的位置关系	城市豪宅、近郊豪宅、远郊豪宅

2. 顶级豪宅营销究竟有何不同

菲利普·科特勒对营销的定义，即"市场营销就是在适当的时间、适当的地方以适当的价格、适当的信息沟通和促销手段，向适当的消费者提供适当的产品和服务的过程[19]"。

引申至顶级豪宅营销，在房地产豪宅的供求结构中，由于顶级豪宅的量少价高，处于地产的金字塔尖位置，其对应的客户也是社会财富结构中的超高净值人群。因此顶级豪宅营销，是围绕上述所指塔尖客户的小众营销，必须是一种独特的、小众的整合营销，这一营销围绕营销策划、销售签约、售后服务三大阶段展开，如图 2-2 所示。

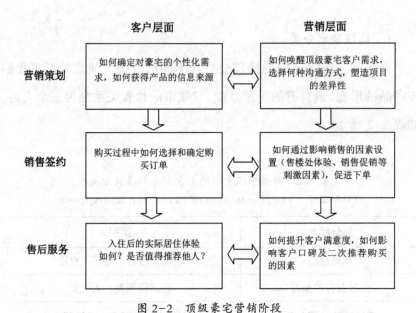

图 2-2　顶级豪宅营销阶段

Fig.2-2　The marketing stage of top luxury house

2.1 营销策划

（1）营销策划特点

相对于普通住宅，由于顶级豪宅客户的小众性、圈层性、高端性等特征，顶级豪宅的营销策划阶段具有一定的特殊性要求。豪宅营销相对一般住宅的不同，主要体现在：

1）对销售团队的招募标准要求更为高端及严格，大多顶级豪宅项目的销售人员采用开发商自建团队，所聘用人员更多来自具有客户资源的高端销售从业者，如竞争项目销售、豪车销售、游艇销售等。

2）产品卖点及核心价值梳理、整体风格定位等阶段更加需要关注客户群体的精神需求。

3）客户精准导入阶段，顶级豪宅的营销强调精准定向及渠道整合，这也是影响顶级豪宅营销绩效的重要衡量标准之一。

（2）营销策划工作内容

房地产营销的营销策划阶段，主要指从产品规划通过后，到第一次开盘销售的整个营销准备过程，包括：营销团队招募、人员培训及考核、项目卖点梳理及核心价值体系确定、产品市场及形象定位、营销推广蓄客、客户识别及筛选、首次开盘前的价格确定及开盘活动的准备等。以某项目为例，它的重要工作节点，如图 2-3 所示。

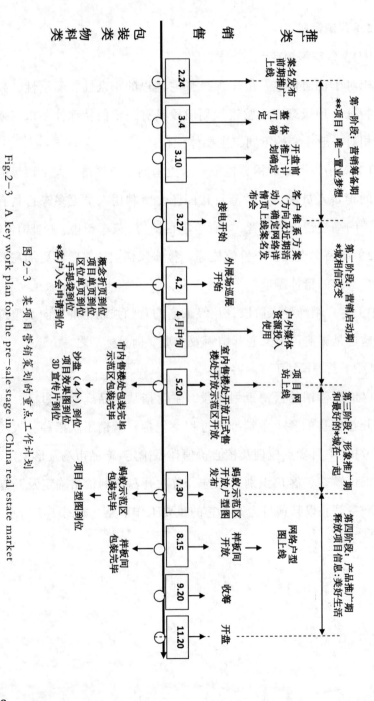

图 2-3　某项目营销策划的重点工作计划

Fig.2-3　A key work plan for the pre-sale stage in China real estate market

2.2 销售签约

（1）销售签约特点

顶级豪宅的这一过程中，需要在客户的动线安排和销售的现场管理中，体现项目与客户居住及精神需求的高度匹配，特别需要强调的是体验管理体系的人性化安排和设计。在这一系列的服务细节中需要制定针对性的标准和规范，如在销售讲解过程中，对物业服务管家团队的配合也须规定每一环节的动作标准和服务话术等。

（2）销售签约工作内容

销售签约阶段是指从顾客开始接触、体验服务和产品，并对服务和产品进行决策和购买的全过程。具体到房地产营销的销售签约阶段，主要指从客户来电咨询项目、被约访到售楼处了解产品、到售楼处现场及样板间参观，到最终明确购买意向和签订合同的阶段。这是房地产营销工作中最为关键的一环，可谓是重中之重。

完整的销售签约阶段分为六个步骤，共计 25 个环节，以某国内知名地产公司为例，如表 2-3 所示。

表 2-3 销售签约的环节

Table2-3 The steps of real estate sales in China

步骤	环节
第一步：大厅接待	环节 1：电话接听 环节 2：停车接待 环节 3：迎宾接待 环节 4：销售接待
第二步：销售讲解	环节 5：销售讲解 环节 6：示范区讲解
第三步：销售洽谈、话别	环节 7：沟通洽谈 环节 8：送别并发送短信
第四步：跟进	环节 9：客户跟进
第五步：签订认购书	环节 10：查询客户征信 环节 11：填写房号确认单 环节 12：录入认购信息 环节 13：收取定金款 环节 14：签订认购书及补充协议 环节 15：派发认购资料 环节 16：确定签约日期及催款催签
第六步：签订合同	环节 17：填写会签单 环节 18：签署按揭合同及产权登记手续 环节 19：签署合同草稿 环节 20：收取楼款或首期款 环节 21：签署合同及相关文件 环节 22：派发签约资料 环节 23：填写满意度卡并派送礼品 环节 24：填写成交问卷及转签约 环节 25：签约后回访

2.3 售后服务

（1）售后服务特点

由于顶级豪宅客户的相对稀缺性、圈层性及持续购买力，售后服务中客户的两个信息通路传递对项目的价值判断至关重要。一个是通过其他朋友等非直接客户的口碑宣传；另一个是通过对销售及物业等人员的直接反馈。该类客户的售后服务反馈评价须特别关注和处理，由于顶级豪宅客户的小众和圈层性，这对后续的持续销售有着更为重要的影响。

（2）售后服务工作内容

传统的售后服务是指对客户定期进行回访，并留下联系方式，以使客户在需要时能联系到售后服务人员，并对客户情况进行了解，告知其新业务等的全过程。一般在房地产营销的售后服务阶段，分为营销售后服务与物业售后服务两个阶段。

1）营销售后服务阶段

营销售后服务阶段指客户从签订销售合同后到物业交房入住的客户服务过程，营销部、项目或工程部、物业客服部等多个主体联合参与，属于从销售到入住的过渡阶段。在实际工作中，由于营销部前期与客户建立了良好的沟通，这一阶段的售后虽然由客户服务或者物业部负责牵头，但是营销在过程中起到重要的参与作用，因此我们称之为营销售后服务阶段。

2）物业售后服务阶段

物业售后服务阶段指客户入住后，针对业主的日常物业服务及满意度提升等服务的全过程，这一过程中开发公司的主体作用已经完成退离，社区物业公司成为客户服务的责任主体，属于业主入住后的实际体验阶段。

3. 顶级豪宅营销背后的突出问题

顶级豪宅营销问题是近年来逐渐引发关注的问题，通过深度访谈、抽样数据分析等我们发现，豪宅营销中存在一些普遍性的难点问题，这样的问题主要集中于以下几个方面。

3.1 精准营销只是听起来好听

同其他类型的房地产营销策划阶段一样，顶级豪宅的推广宣传与渠道整合等自然不可避免。但是顶级豪宅营销策略的制定需要掌握和针对目标客群的共性特征。而从中国目前高端消费群体的行为模式上来看，顶级豪宅客户群体虽然有着一定的共性需求，但更多体现出并让我们不惑的是消费的个性化追求。

由于高端阶层等社会群体有比常人左右更多社会财富与资源的能力，因此影响其做出置业决策的因素也带有更多的随机性和偶然性。对此，顶级豪宅营销在如何筛选意向客户的特征与取向，引起客户群体的悬念和话题等；如何解决高端客户圈层对外封闭、不善高调张扬等圈层性特点；如何有效地实现客户导入的精准性和有效性，都与普通住宅的营销有着非常大的差别。因此，渠道客户资源的精准定向存在非常大的难度。

案例：如北京昌平某别墅项目，该项目占地约 17 万㎡，建筑面积约 33 万㎡，容积率 1.2，整个项目共计规划 386 套别墅。该产品整体品质较高，定价符合市场中别墅的主流价格区间。但该项目自 2016 年 8 月份开始营销启动至 2017 年 4 月，虽然开展了大量的线上推广及线下渠道，营销费用已花费千万元，但仅认购客户 10 余组。其邻近的同类型产品与其同期开始渠道营销，凭借精准的线下渠道和适度的线上推广，近 1 年的时间成交已达约 30 亿元。相同的区位、近似的产品，不同操盘者采用不同的渠道形式，产生了如此大的销售差距，不得不令人反思渠道管理的有效性。对于顶级豪宅营销而言，如何实现渠道优化管理，更有效地寻找及吸引少数的豪宅购买力人群，这成为豪宅营销需要重点解决的难点问题。

3.2 体验管理体系"矫枉过正"

由于不同城市发展阶段不同，不同公司对于当地顶级豪宅的认知及理解都可能存在着一定的差异，因此顶级豪宅营销在销售签约阶段的方式和方法也因项目而异。其中很重要的一个问题是体验管理问题。有些售楼处过于追求豪华和奢侈，忽略了销售动线安排的合理性和实用性等功能用途。有的项目营销中心为了展示项目大盘及高端形象，将项目整体沙盘或者区域壁挂沙盘模型做得很大，所有的高端科技也都非常智能，整体大气豪华，但是对区域所赋予的文化内涵或项目高端品质的展现，没有良好的体现。而且有些洽谈区、模型区及样板展示区等销售常用分区的分布也非常不合理，忽略了客户看房动线中对精细化服务的合理安排，所带来的客户体验效果往往不太理想。

案例：如北京门头沟某别墅，占地面积约 24 万 ㎡，地上建筑面积约 28 万㎡，容积率仅为 1.1。该项目售楼处建造在区域交通必经路线，内部通过规模性的沙盘设计、高端 VR 技术的应用、高品质的中式装修等体现了高端大气的项目品质，但是售楼处内部项目整体沙盘、户型沙盘与洽谈区的位置分布处于不同的功能区位，不利于客户与售楼员沟通时展示的便捷性。同时，该项目示范区及样板间在该售楼处所在位置 2 公里外，沿线道路多处于施工或者拆迁过程中，这些对客户的参观体验造成了较大的不便。该项目营销中心、园林示范区、样板房三大展示平台中，虽然装修等硬件条件一应俱全，但是从进入售楼处到参观沙盘、洽谈室沟通、参观示范区及样板间等各动线的细节安排和管家人员的服务流程设计不合理，未能完全展示项目的高端物业服务。对于大多数顶级豪宅项目而言，已经能够注意强调硬件条件的展示，但往往忽略了功能设计、动线设计及人员服务的精细化服务管理。

3.3 客户期望管理意识不足

在房地产营销的售前及售中阶段，为了实现客户感知价值的最大化，在项目形象展示及客户体验环节，顶级豪宅对客户的价值展现往往"过度"。营销部门在线上宣传、线下渠道、客户接待及现场体验等各个阶段的准备中，都较为注重物料及展示的高端性；在营销案场内，无论是保安形象岗、水吧服务员、保洁等一般都由专业的"案场管家"服务"展示"团队来完成，他们的确更为注重人员的管理和外在形象等。这些都提升了客户对价格的承受预期，但这些"过度的营销表现"为后期交付入住的满意度提升造成一定的困扰，将对客户的二次开发产生较大的不利影响。

案例：如北京顺义的某顶级豪宅项目，该项目周边国际学校、高尔夫球场、马术场等林立，具有北京别墅区中最高端及国际化的优势资源。该项目售楼处、样板间及示范区的打造尽显高端风范，从装修风格、选材及尺度都与顶级客户的需求相匹配，且该项目售楼处内部的销售人员、物管服务人员的精细化服务管理水平都处于业内领先，无疑这是一个绝佳的顶级豪宅项目。然而该项目在交付入住后，屡屡出现客户投诉的情况。一方面是客户交付入住后，新的管家服务团队综合素质较前期相对偏低，因此在精细化的服务流程实施中体现的服务质量与客户的心理预期差距大。另一方面销售签约阶段的售楼员很难对客户客观地提出项目潜在的问题，而施工管理过程中施工的工艺及选材的质量误差等各种因素又难以避免出现纰漏，因此出现了部分施工质量投诉。可见，顶级豪宅的客户期望管理不只在于营销策划及销售签约环节，售后精细化服务管理的有效落地及客户维护也是重要一环。对于开发企业而言，营销团队在工作意识及执行中，可以表现出"相对真实"的产品和服务水平，合理控制客户期望。通过提升营销管理者对顶级豪宅客户的期望管理水平，可间接促进客户售后服务的满意度提升，也将利于项目后续的口碑营销与持续销售。

4. 问题产生和存在的深层解析

4.1 缺乏顶豪营销人才及健全的管理体系

如何更有效地获得极少数的顶级豪宅客户，这是营销中普遍面临的问题。究其原因，主要有如下几个方面：

（1）顶级豪宅营销从业者缺乏，这是决定渠道拓展难以精准的直接原因

顶级豪宅营销由于客户群体的独特性，不同于传统意义上的房地产营销。我国房地产市场的发展时间短，整体市场的开发速度及成熟程度较不匹配，开发速度过快反而导致项目营销水平较低。随着北京、上海等城市逐渐进入相对成熟的豪宅市场阶段，开始出现了一些真正意义的顶级豪宅和豪宅从业者外，顶级豪宅从业人员在其它城市还相对较少。这些都使得国内较多的顶级豪宅营销工作，由传统的非豪宅人员展开，他们往往从传统的营销思路和经验中汲取过去成功的元素，用过去的老办法解决现在的新问题，摸着石头过河的可能性更大一些。因此，如何准确地理解顶级豪宅营销并采用正确的营销方法，需要顶级豪宅营销人员加强实践经验的自我积累和理论总结。

（2）豪宅渠道营销管理体系不健全，这是顶级豪宅客户无法精准拓展的深层次原因

顶级豪宅所面对的客户群体是社会的顶峰人群，他们的需求相对小众，个性化需求特征明显，这决定了渠道拓展模式需要与之匹配，采取符合该阶层客户的定制化渠道体系。它的核心内容不仅包括渠道通路的选择、渠道活动的组织、渠道团队的组建和管理等多个步骤，而且每个步骤的制定都建立在对顶级豪宅客户群体的偏好与期望基础之上。针对顶级豪宅客户服务的专业化、私密感、尊贵感、个性化等，这些都应始终贯穿于整个营销过程，这些都迫切需要完善豪宅营销

渠道管理体系及工作模式。对于顶级豪宅营销而言，客户拓展与渠道优化管理的精准定向可有效提升营销费效用比，促进企业营销决策的科学化、合理化、高效化。因此，如何去更有效地寻找及吸引少数的顶级客群成为需要重点解决的难点问题。

4.2 注重产品体验却忽略了服务体系

（1）缺少对精细化服务的全流程控制，这是决定顶级豪宅营销体验"矫枉过正"的重要原因

一些售楼处内部功能设置及装修风格都符合营销的实际需要，礼宾服务、茶水服务、泊车服务等已经为大多数豪宅售楼处所必有，但服务的执行环节没有高标准的人员及服务标准，缺少了营造良好的精细化服务氛围，忽略了客户对于全流程服务的需求，影响客户对项目的整体判定和评价。营销中心出现这些情况，除了工作人员对售楼处的整体功能性认识不足外，更重要的是精细化服务管理的全流程意识不足。房地产的产品除了房子外，还包含服务，越高品质的楼盘对精细化的服务水平要求越高。近年，北京部分顶级豪宅开始纷纷引入售楼处"管家服务团队"，这一团队展现的良好人员素质及服务标准，大大提升了售楼处的物业服务精细化水平，但仍然存在全流程客户服务意识缺乏的现象。

（2）缺少对"内部人"的工作体验关怀，这是出现精细化服务管理问题的潜在原因

客户对一个项目的实地感知，是从项目所辐射的外部区域开始，之后通过项目外部入口、园林示范区、售楼处、样板间、洽谈区等

都会有自己独特的感知。一方面我们需要加强销售人员及售楼处服务人员的培训，另一方面处于客户感知范围内的区域人员，他们的精细化服务质量也会间接影响客户对项目价值的认可。而成功的精细化服务管理既需要强调对客户的精细服务，也不能忽略对这一过程中工作人员的关怀和帮助，这是国内企业营销中往往忽略的因素。服务人员本身的外在形象可以通过人力资源招募来要求，其工作流程可以通过精细化管理来实现和提升，但在实际的工作管控中，"内部人"的工作状态对其服务质量的影响往往难以衡量。如何提升对"内部人"的有效服务，更好地激励工作人员的工作状态及绩效，也属于精细化服务管理的重要环节，但这一过程往往被忽略。

4.3 客户体验管理大多"各扫屋前雪"

（1）客户服务实施主体的转换，是造成客户服务满意度落差的重要原因

在项目交付前，客户的精细化服务由营销部门来进行，基于持续营销的目的，顶级豪宅的营销人员为追求客户体验价值的最大化，提升客户对价格的承受预期，因此通过大量的投入和努力拉升客户的价格接受能力，对客户的服务往往过度且聚焦，这些"过度的营销表现"都为后期交付入住的满意度提升造成一定的困扰。客户入住后，项目交付的园区实景呈现，往往与示范区、样板间存在一定差异。同时，园区内服务的物业人员与卖房没有直接关系，不承担服务营销的体验职责，其综合素质、服务意识及专业技能往往无法满足高端客户的服务需求，这些都是售后阶段客户服务满意度较低

的重要原因。

（2）缺乏对客户期望管理的全流程管控，这是顶级豪宅价值与客户期望偏差的管理原因

顶级豪宅的客户价值不只在于营销策划及销售签约环节，售后的精细化管理是客户价值二次开发的重要一环。对于开发企业而言，营销团队、工程团队、物业团队须在各自的工作中提升客户期望管理的意识，客服团队需要在各流程中真正起到客户管理的作用。这些工作的展开将促进客户收房后满意度提升和评价反馈优化，促进实现客户对项目的二次推荐或二次再购。而如何系统地展开这一系列工作，除了人的意识因素外，更重要的是管控体系及制度的建设，这些都需要众多开发企业的持续关注。

第三章　高净值人群具有
怎么样的置业行为

1. 他们是怎样的一类人

1.1 解密他们的群体特征

1）顶级豪宅客户与高净值人群

豪宅客户是指已购置或者具有购置豪宅能力和意愿的客户，而顶级豪宅客户是豪宅客户中的顶尖客户，即超高净值人群。由于顶级豪宅客户的极度稀缺性及个性化，对于营销研究而言，我们从顶级豪宅客户成长的基础阶段，也就是"高净值"阶段开始研究，该阶段作为顶级豪宅客户发展的必经阶段，具有更广泛的研究价值，可以更清晰地展现该类群体的共性特征。

高净值客户不同于高收入客户，高收入客户侧重于说明客户的年经济收入，而高净值客户针对的是客户的"资产净值"，此类客户具有购置顶级豪宅的能力和意愿。对于高净值客户群的定义，一般是指资产净值在 600 万人民币（100 万美元）以上的客户群体，他们是金融资产和投资性房产等可投资资产较高的社会群体。

2）高净值人群的群体特征

我国的高净值客户大多为私营业主、名企高管、炒房者及职业股民，他们的年龄大多在 40 岁以上，家庭结构以二代共居或者三代同堂为主。其中私营业主、高管的行业分布在不同区域呈现差异化特点，从全国范围来看，高净值人群中私营业主及高管主要分布于制造业、TMT 及房地产行业等；从不同区域来看，高净值客户所从事的行业大多为所属区域的主力行业。这些客户拥有相近的爱好和兴趣。他们逐渐进入到事业稳步发展阶段，具有稳定的经济来源，但是开始面临家庭的压力，如身体逐渐进入亚健康状态、父母长辈的年龄引发的身体状况、子女升学及发展等一系列的成熟家庭问题。所以，他们逐渐从之前的重事业逐渐回归家庭，希望寻找事业、家庭、健康、子女教育及服务养老等各个方面的均衡状态。

我们从顶级豪宅营销的问题出发，通过系统性地分析高净值客户群体的置业特征、置业偏好与期望等，为顶级豪宅营销研究提供客户角度的支撑。

1.2 房地产营销从业者眼中的他们

中国民生银行及胡润百富中国超高净值人群需求调研报告（2014—2015）中指出，北京为全国高净值人群比例最高城市，达到全国高净值人群的 16.8%。因此，我们将北京作为研究高净值人群置业行为的重要参考城市。通过对北京豪宅市场一线营销从业者的访谈，我们得到高净值人群置业的如下特征。

1）高净值置业人群的分布具有集中性、地缘性，对产品的喜好具有区域性差异

经对北京西部某顶级豪宅营销人员的访谈，我们发现客户大多工作或居住在万柳世纪城、中关村、西城金融街；属于周边的改善升级型客户，也有部分外部区域的别墅回流客户；与北京西部客群的喜好特点不同，东部豪宅客群虽然性格低调谨慎，但东部商务区域的国际化氛围浓厚，其在产品的选择上相对西部偏爱中式的客群特点而言，他们更喜欢法式或者中西混合的干挂石材类产品。

2）高净值置业人群的职业多为企业主或名企高管等，演艺类客户占有较小比例

经访谈，北京东部中央别墅区顶级豪宅的成交客户多来自所在地域的主力行业，如金融、互联网、生物医药等行业；该类群体的置业行为会受到政策及股市等的影响，客户所在行业股市利好时，他们的置业需求也会得到明显的释放。

西山别墅区的顶级豪宅客户也大部分属于私营企业主或者上市公司高管人员，该类客户企业经营稳定及成熟，所属的行业以 IT、金融类的占比相对较多。比如金融街区域企业高管的豪宅置业比例就相对较高。从对西山别墅区内的另一豪宅项目 235 ㎡ 户型的客户数据中发现，有 80% 都属于私营企业主，而在购买 145 ㎡、185 ㎡ 户型的客户中，存在一定比例的中高端客户。但当该项目户型的总价达到 2000 万元 / 套后，客户的结构以私营企业主为主。

当我们进一步研究演艺群体的置业现象时发现，初中级的豪宅营销中明星的置业现象较多，但到了中高端的别墅产品，由于总价

较高，仅有国内外一线影视明星存在置业的可能，但频次较少。顶级豪宅中有极个别的演艺类客户，大多在演艺工作的同时，拥有自己成功运作或投资的影视企业。

3）顶级豪宅客户的置业考虑因素中，工作便利及子女教育是重要的考虑因子

经访谈，北京西部某顶级豪宅客户的购房原因：一方面是因为这离他们工作的场所比较近，大多集中在中关村、金融街等地；另一方面是因为项目是学区房，而且周边配套比较成熟。部分有实力的客户，目前由于经济及家庭稳定，有 2～3 个孩子，孩子间年龄差距比较大，存在对学区的需求。这一现象在北京东部顶级豪宅客户中也有体现，东部中央别墅区顶级豪宅的客户有很大一部分是考虑到孩子对国际学校的教育需求，因此我们可以认为，学区这一因素对于顶级豪宅营销仍然是一个重要的价值点。

4）顶级豪宅客户置业人群关注生活品质及健康，对功能类、环境类的智能设备和产品细节较关注

经访谈，北京西部某豪宅客户以品质升级需求为主，他们注重私密环境，喜好安静，注重园林设计，关注产品品质，对细节及材料的审美需求高。其同区域的另一豪宅客户呈现出对健康科技类设备较高的关注度，由于北京恶劣的空气，除霾新风是标配需求，跟健康相关的系统配置（水、温度）也是客户关注度非常高的配备。除以上需求外，拟置业家庭的女主人对厨房的要求一般很高（如果精装，存在对内置冰箱、烤箱、洗碗机等的需求），该项目的营销从业者认为，智能化功能性的设备可以提升项目价值。

1.3 高净值人群的购房访谈记录

通过收集北京多个顶级豪宅的客户访谈资料后，我们发现该类群体具有如下特征。

1）高净值人群具有圈层性，其对产品的需求具有阶段性的转换特征

高净值人群置业的圈层性特征明显，处于不同阶段的财富圈层导致置业购买因素及购买动机存在差异；同时不同阶层的财富人群随着时间的变化，其阶层具有一定的转换性，导致其对产品需求也存在着阶段性的转换需求，如图 3-1 所示。

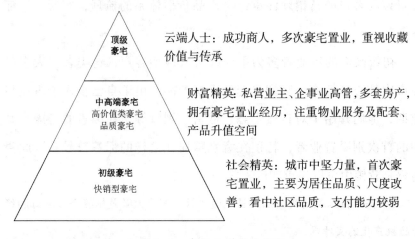

图 3-1　豪宅人群置业分级

Fig.3-1　The classification of luxury house customers

顶级豪宅的购买人群一般需求的是最高级的豪宅，这类人群再次购买豪宅的原因呈现较强的主见性，置业关注因素往往可能只是他们自己主观关注的一两个点。以北京中央别墅区某亿元级别墅的客户为例，该类群体体现了强烈的主见性，他们会忽略营销工作者所强调的价值内涵，而用自己独特的眼光和态度去识别和决策。

中高端改善型豪宅的置业者，一般有着多次的置业经历，有过别墅或者大面积平层住宅的居住体验，因此对于豪宅的购买决策较为成熟和理性。他们从地段、升值、户型等综合因素来考虑。因此，针对该类客户的营销须注重综合产品价值体系的梳理，实现"对症下药"。

初级豪宅的置业者多为平层改善升级型客户，这类客户大多已在市内核心区拥有一套到多套的平层产品。由于自己步入了事业稳定期，他们开始了对自然生态、低密、别墅等居住因素的考虑。其中的首次别墅置业者，特别在意别墅居住这样的标签符号，因此身份感是营销中可以注重的因素之一。

2）高净值人群购买关注点呈现随机性，客户大多是根据个人喜好和经历随机产生购买冲动

——"我很喜欢佛学，我的助理告诉我 ** 还有这样一个具有禅修及佛学文化内涵的项目，所以我第一次去就直接购买了。"

——"这是我见过最好的园林示范区，从入口处进去穿过近2公里的银杏大道，整体的感觉很舒服。"

——"我就喜欢西山的灵性，每天推开窗户看到层峦叠嶂般的山峦，妙哉。"

——"**别墅有点太密了，感觉隐私性很不够，尤其是前后的间距太窄了，所以我没再去看。"

——"你们离污水处理厂太近了，每个月都能有几天闻到臭水沟的味道。"

——"**的大湖真的太棒了，在市内很难得，而且湖边的空气质量比较好。"

3）高净值人群对于置业过程的参与呈现目的性、去商业性及个性化需求

他们普遍对于促销的活动和太多的广告比较反感，为人大多低调，喜欢有文化和内涵的东西。他们很多都有海外生活经历，所以比较喜欢国际化的东西。由于平时工作较忙，他们希望每次参与营销的活动都能够有所收获；

——"之前参加了一些被邀请的活动，但是感觉推销的成分太大，不喜欢；如果地产公司做活动，希望你们可以举办一些有用的活动，比如知名大咖的财经讲座啊、国学讲座啊，或者一些财经类的投资分享，还有个前提是要预约并控制活动人数。"

——"你们之前做的冷餐会，我去了，但是很少与陌生人交流，建议你们可以继续做私家宴的中餐形式，一小波人喝着就联络起来了感情。"

——"如果是关键性的营销活动，比如开盘啊、选房啊，或者是样板间开放，我觉得有价值，会选择一些来参与。"

——"比如为孩子搞一些马术啊、高尔夫培训类的，这些我会带小孩来参加。"

4）高净值人群对信息的获取主要来源于口碑推荐及小众媒体

对于高净值人群而言，房产信息的获取更青睐于朋友等圈层推荐，而被动介绍的房产信息更多是因为工作或者兴趣等原因关注的小众媒体。他们更喜欢生活在自己的圈层，更多会倾听自己朋友的推荐，对商业的活动和推荐保持警惕心理。

——"我比较喜欢看时尚杂志，而我先生喜欢看看财经类和金融类的新闻或者网站。"

——"我啊平常就是跟朋友在茶楼喝喝茶、聊聊天，偶尔聊到房产投资的时候你一言我一语，会接受某些懂行朋友的推荐。"

——"我因为工作的原因，所以会重点关注《新闻周刊》啊、《21世纪经济报道》等，如果是房产信息的话，我一般看飞机上的杂志或者是某些主干道的立柱广告。"

——"我非常不喜欢收到楼盘打来的促销电话，很烦人，越是推荐的东西啊越是不感兴趣，如果我自己需要，一般还是会找朋友多问问。"

2. 什么是他们的置业特性与趋势

2.1 个性和共性

豪宅客户大多由高净值家庭构成，他们拥有多次的置业经验，置业通常受到多种因素驱动。而在诸多因素中，置业偏好与期望有着重要的地位，偏好是客户置业选择的标尺，而期望代表了客户置业的趋势。

（1）客户置业心理及偏好的个性化特征明显，不同类型客户的需求差异较大

甘伟（2010）结合前人及自己的理论研究成果，将豪宅客户主要分为尊贵型、享受型、标签型和理财型，实际上顶级豪宅客户也大体这么几类，如表3-1所示。

表3-1 豪宅客户置业心理的四种类型

Table 3-1 The four types with psychology of luxury house customers

置业类型	偏好关键点	置业心理的描述	备注
尊贵型	相对务实，追求自然生态、品质与家庭	豪宅是对于自我成功的奖励，追求产品的综合价值最大化	大多为企业主等成功人士
享受型	体现身份、品位，对配套及服务等享受型因素更关注	豪宅最重要的意义在于享受生活，对产品和服务的舒适度要求较高	大多为企业高层
标签型	希望实现身份的富人标志，或者是引领时尚	希望作为自己财富与身份的标签，该类群体中的传统型阶层喜欢奢华的活动及场景，其中的财富新贵希望自己的产品引领时尚	大多为白手起家的成功企业家及部分海归富二代
理财型	从投资回报率等财务指标考虑置业	购买是作为资产的增值，对于他们而言最重要的是增加财富	多为成功的企业主或者炒房者

（2）该类客群大多期望提升居住品质，同时获得资产的保值增值

万科集团研究中心根据成交客户的数据分析，撰写的《中国富裕群体消费行为和投资偏好研究报告》中显示：

1）从购买动机上来看，中国的富裕群体主要为了改善生活，并获得增值保值

随着财富的进一步积累、家庭成员的变化等因素，他们期望通过购买房产进一步改善生活质量，并得到保值增值。如表3-2所示。

表3-2　富裕群体的购房动机

Table3-2　Consumer motivation in buying a luxurious house

购房动机因素	各购房因素所占整体人群比例
改善居住／生活环境	45%
居住人口变化	45%
保值／增值	25%
立足／安居	20%
居住便利性	17%
其他	8%

2）从购买考虑因素上来看，地段区位是富裕群体购房时考虑的首要因素

除此之外，周边配套、景观环境、开发商品牌、价格是他们购房时考虑的重要因素，如表3-3所示。

表 3-3　富裕群体置业因素

Table3-3　Consumer attention factors in buying a luxurious house

购房考虑因素	各购房因素所占整体人群比例
地段／区位	46%
小区及周边配套	44%
小区环境／景观	35%
开发商品牌	35%
价格	30%
物业服务	22%
周边人口素质	13%
户型设计	12%
房屋质量	11%
建筑外观／外立面	6%
住宅性能	4%
是否精装修	3%
公共区域	2%
会所服务	2%
其他	2%

2.2 现状和趋势

（1）豪宅客户需求近年倍数增长，偏好的面积及物业形态呈现趋同性

近年来，随着房地产市场的快速发展，高净值人群的置业偏好

与期望也在发生着不断的变化。我们以北京豪宅市场成交数据为例，对豪宅产品的供求量价及产品形态等进行定量的分析。

从北京豪宅市场的成交套数来看，近五年（2012—2017年初）整体市场规模的成交套数实现近一倍的增长，这与高净值人群的整体增长规模存在正相关关系。从成交面积的角度分析，200～300㎡产品为市场的绝对主力，其次为300～400㎡和400㎡以上，如图3-2所示。

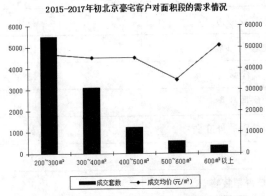

图 3-2　北京豪宅客户对面积段的需求情况

Fig.3-2　The demand for area segment of Beijing luxury house customers

（数据来源：北京天朗房网）

从成交类型上看，我们发现平层别墅近年销售异常火爆。随着高净值人群的快速增长，房地产市场及客户不断成熟，出现了大量改善型人群的置业需求回归城市平层别墅，平层别墅成为顶级豪宅市场的热销主力。另外，联排产品创造性的升级为"类独栋、合院"等，联排整体的销售表现也非常抢眼。如图3-3所示。

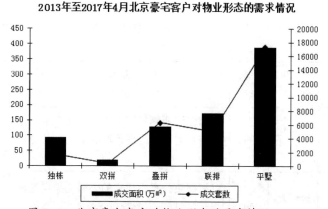

图 3–3　北京豪宅客户对物业形态的需求情况

Fig.3–3　The demand for property form of Beijing luxury house customers

（数据来源：北京天朗房网）

（2）豪宅客户的置业需求随着时间及财富的积累，呈现时代性变化

随着高净值人群社会财富积累的类型和方式快速变化，顶级豪宅市场的客户需求也在相应的变化。在豪宅市场中，置业客户不仅受到前文提到的四种置业动机的单一或者混合影响，也在随着城市和豪宅市场的成熟程度，发生着时代性的变化。以北京豪宅市场的发展变化为例，之前共经过了四个阶段：精装化时代、公园化时代、升级化时代、奢豪化时代。从 2015 年开始，北京豪宅市场开始逐渐步入"宜居化时代"，豪宅客户对于产品和服务的需求追求更高的实用性和使用性，如表 3–4 所示。

表 3-4 北京顶级豪宅市场发展阶段划分

Table 3-4 The different development stage of Beijing's top luxury housing market

发展阶段	阶段特点	兴起年度	阶段说明	代表项目
第一阶段	精装化时代	1995	朝阳公园西侧景园大厦，是北京第一批精装豪宅，自此现代城等豪宅产品纷纷诞生	景园大厦、现代城
第二阶段	公园化时代	2002	以棕榈泉公寓为代表的公园化豪宅逐渐兴起，占据一定的景观资源被当时首推，阳光上东等项目接连诞生	棕榈泉公寓、阳光上东
第三阶段	升级化时代	2005	星河湾占有相对稀缺的位置，也不仅仅是标准的精装，而是规划到产品上每一个细节打动客户，再次推动了北京豪宅的发展	星河湾、玫瑰园
第四阶段	奢豪化时代	2012	豪宅围绕某自然资源呈片区化发展，不仅拥有绝版的位置、高端的配套，在产品营造等各个方面更是追求奢豪的极致	远洋LAVIE、合生·霄云路8号
第五阶段	宜居化时代	2015	2015年北京市场全面豪宅化，这一时期的豪宅需求也从表面上的豪，转变到追求产品本身的功能和品质	万柳书院、远洋天著春秋

通过顶级豪宅客户的访谈数据及豪宅市场一线营销人员的访谈等作为论证支撑，得出部分高净值人群在置业时的特征和期望。

（1）高净值人群的置业特征

1）客群分布区域呈现集中性、地缘性，所属行业呈现区域性差异。我国的高净值客户大多为私营业主、高管、炒房者及职业股民，他们的年龄大多在 40 岁以上，家庭结构以二代共居或者三代同堂为主。他们的现有工作地与居住地呈现集中性，与拟购置项目的区位具有地缘性。他们所属的行业从国内看主要分布于制造业、TMT 及房地产行业，从不同区域市场来看，他们所从事的行业大多为当地的主力行业，呈现区域性差异。

2）客群兴趣爱好和话题倾向的趋同性。该类客户拥有相近的爱好和兴趣，他们逐渐从之前的重事业逐渐回归家庭，希望寻找事业、家庭、健康、子女教育及服务养老等各个方面的均衡状态。他们感兴趣的话题以养生、运动、投资、旅行等为主。

3）客群对于购房活动等的参与存在明显的目的性、去商业性及个性化需求。高净值人群对促销活动和广告比较反感，希望每次参与的营销活动都能够有所收获，他们喜欢参加具有人脉利好或者兴趣利好的圈层类高端活动。客户对营销推广的喜好倾向于去商业性、利好性，广告推广的诉求希望符合自身阶层的精神需求。

4）客群活动范围的圈层性与信息传递的小众性。高净值人群相对低调内敛，呈现较强的圈层性特征，他们对于楼盘信息的了解主要是通过朋友介绍或者一些高端杂志，很少通过公众媒体获得信息；而他们平时生活中对于广告的被动接触，主要是通过财经新闻或者时尚杂志等高端小众的媒体。

（2）高净值人群的置业偏好与期望

1）客群需求存在复合性、阶段性和随机性。高净值客户的个性化需求特征明显，置业时受到"尊贵型、享受型、标签型和理财型"等多种置业动机的单一或者混合影响，也会随着城市和市场发展的成熟程度发生时代性的变化，其对产品的需求具有阶段性的转换特征。客户大多是按其喜好和个人经历随机产生对置业的购买冲动，因此置业偏好也呈现一定的随机性。因此，对于客户的现场体验管理需要注重全流程的精细化服务，不只注重物化的体验，更要注重每一点细节的服务和管理。

2）客群置业的面积及产品类型存在趋同性。从当前市场需求角度看，当前高净值人群需求的主力产品为 200 ~ 300 ㎡ 为主，其次为 300 ~ 400 ㎡；客户购买的物业形态以平层别墅为主。北京等成熟市场逐渐进入宜居化的豪宅时代，高净值客户未来追求的更多的是产品本身的功能和品质。

第四章 基于 7Ps 理论的
顶级豪宅营销策略

通过对高净值人群的置业特征、置业偏好和期望等的系统性研究，我们以 7Ps 营销理论作为理论框架，以北京典型顶级豪宅的营销实践作为实例，提出针对顶级豪宅营销绩效提升的策略及措施。

1. 营销方法论的一些探讨

随着市场经济的发展，消费者行为学科等市场营销理论在国外房地产行业的应用及理论发展较早，也相对成熟，但是受制于国外地产开发的整体规模限制，置业行为和豪宅营销的研究相对较少。国内房地产市场起步较晚，虽然对于置业行为和豪宅营销的研究发展迅速，但关于高净值人群的置业行为及顶级豪宅营销的研究，仍然滞后于市场的快速发展。

1.1 国内外对置业行为有哪些研究

（1）国外置业行为理论的研究相对较早，但近年研究略显不足

国外商品房市场的发展相对较早，对于置业行为理论的研究也相对较早。1972 年 Menchik 将消费者购房的偏好因素分为：自然环境、人造和非自然环境、住房与地块特征、住房的可达性。1985 年 Bajic 研究了商品住宅市场中市场细分问题及消费者的购房特征。1988 年 Nelson 和 Rabianski 提出不同细分市场中影响消费者购房的偏好因素虽然相同，但是消费者在不同市场中对偏好因素所持权重不同。1997 年 Anglin 对商品住宅市场中消费者购房的决定性因素进行了分析。

但是随着发达国家房地产市场的愈加成熟，近年关于置业行为的研究略显不足。其中 Mateja Kos Koklic, Irena Vida（2011）认为消费者在购房时，除了需要考虑客户的特征因素外，消费者的个人情况、环境因素、感情的角色、体验、潜意识因素、需求、目标等因素也应用于消费者的购房决策。CF. Landry（2014）提出与陌生人共享信息是住宅销售成功的重要因素，通过与家庭利益相关者保持轻松的话题交流，利于保持和发展买卖双方关系。

因此，国外学者除了在消费者购房偏好、消费者置业影响因素等对市场的影响等方面有深入的研究，在消费者家庭利益相关者关系等方面也有一定成果，但是近年研究略显不足。

（2）我国置业行为研究发展晚，近几年才有了一定的成果

我国 1998 年才明确建立市场经济的城镇住房制度，因此关于置

业行为的研究发展较晚。早年关于置业行为的分析，更多从消费者行为学科中吸收一些理论成果来进行实际应用。其中可参考的消费者行为理论，如黄绮宁（2008）对国内消费者行为学科的总结中，概括了卢泰宏"中国消费者行为四大消费特征[8]"的观点，如表 4-1 所示。

表 4-1　中国消费者行为的四大特征
Table 4-1　Four characteristics of Chinese consumer behavior

类型	说明
面子消费的特征	基于中国社会各个社会层面形成的普遍的消费者面子消费行为已经构成了商品消费的重大动因，他提出的面子消费主要分为炫耀消费、攀比消费、象征消费及关系消费
根消费的特征	源于中国文化的价值延续，深刻影响中国消费者独特的根消费文化特征，具体表现为重视生命、民族及社会价值等
独生代消费的特征	中国 80 后一代基于全球化、市场化的影响，表现了独有的消费特征，他们相对崇尚自我、时尚和个性化
体验消费的特征	由消费者直接体验成为除传统的情感价值、功能价值、社会价值和个人价值之外的一个典型价值

王大海（2009）提出"消费者行为研究虽然存在多种不同的理论和观点，但它们都是建立在西方共同的历史文化背景基础上的。但不同区域消费行为具有不同的特点，特别是对于公众消费品，亚洲消费者甚至会购买那些超出自身消费力的商品。这种现象是由于不同文化价值观念的影响造成[9]"。他提出的亚洲消费者超出自身消费力购买商品的现象，在房地产市场中呈现得较为明显。

邹世萍（2012）指出"消费者行为的影响因素主要有文化、社会、个人三种因素，而在这一过程中的关键心理过程包含动机、认知、学习和记忆四个过程。对于购买决策过程的论述，她延续了菲利普·科特勒的五阶段模型，提出了消费者参与程度对购买行为的影响[10]"。

董晖（2014）"对昆明市的普通住宅消费者购房决策因素进行了主成分分析，归纳出普通住宅的宜居性因素、普通住宅的区域因素、经济性因素、开发商的营销服务因素4个主成分因素[11]"。

康艺伟（2016）提出"消费者信息搜集对普通商品住宅购买决策的影响，包括消费者信息搜集渠道来源和信息搜集努力程度对其购买决策的影响，结论是消费者对各信息渠道来源的重视程度按重要程度依次为相关群体信息源、商业信息源、网络信息源、媒体信息源、公众信息源，信息搜集努力程度与购买决策呈正相关[12]"。

综上，国内关于置业行为的研究起步较晚，对置业行为理论的探讨更是近几年才有了一定的成果。尤其是随着高净值人群规模迅速增长后，对该类人群的置业行为研究也大多处于实务应用状态，缺乏系统性的理论探索及总结判断。

1.2 关于顶级豪宅营销的一些探讨

（1）国外顶级豪宅营销缺乏大规模和系统化的研究

国外顶级豪宅市场的开发大多以"小批量、长周期"的精细化开发和现房销售为主，顶级豪宅营销理论受市场规模条件等限制，缺乏大规模和系统化的研究。因此，豪宅营销理论的发展主要体现在与传统市场营销理论的结合，保持了与市场营销理论发展和行业发展的同步性。

1964 年，麦卡锡提出 4Ps 营销组合，即产品、价格、渠道、促销。1981 年，布姆斯和比特纳提出了 7Ps 营销理论，这构成了服务营销的基本框架。1986 年，菲利普·科特勒提出了大营销的市场营销概念，在原有基础上增加了公共关系和行政权力，组合为 6Ps 理论。1990 年，劳朋特提出了全新的营销理论模型，即 4C 理论，他认为应该从原有的企业为中心的理念转换为以客户为中心的营销理论，也就是客户、成本、便利、沟通。20 世纪 90 年代美国整合营销传播理论的鼻祖唐·舒尔茨在 4C 营销理论的基础上提出 4R 营销理论，它以关系营销为核心，重在建立顾客忠诚，分别指代关联、反应、关系和回报。该营销理论认为，企业需要从更高层次上以更有效的方式在企业与顾客之间建立新型的主动性关系。

综上，近年国外顶级豪宅营销理论的研究相对较少，因此市场营销理论的发展也相对有限。

（2）我国豪宅的营销研究较为丰富，但亟须理论更新与发展

我国房地产行业经过大规模的快速发展，房地产营销理论在整个国内营销体系中受关注较高。特别是顶级豪宅营销理论，由于其客户的特殊性，针对它的研究具有一定的必要性。因此，先后有专家学者将 4Ps、4R、4Cs 等经典的营销理论运用到房地产营销的实践和研究中，国内很多学者做了一定的研究。

甘伟（2010）提出"近年来，中国房地产的发展将进入一个前所未有、充满巨变的时代。城市豪宅作为中国城市发展重要的资源载体，伴随人口的合理流动、价值再次发现、资源集约化，正在扮

演着愈发重要的作用 [13]"。

张铮（2010）提出"豪宅的开发企业应抛弃以往惯常使用的广告轰炸策略而更加注重整体形象战略，从产品研发、价格制定、营销推广、客户服务等方面提出了解决问题的思路和办法 [14]"。

初红桥（2013）结合前人的理论分析，总结出豪宅营销的现状是："首先，利用概念营销深度挖掘豪宅价值，找出核心卖点并利用媒体传播并塑造其高端形象。其次，塑造品牌知名度。高端客户群体普遍有行事低调、注重隐私，又希望自己选择的产品或服务是被大众所认可。最后，跨界营销着力建设客户渠道。商家可以与高端名车车友会、商会、高尔夫协会等联合起来，实现点对点营销 [15]"。

单晶（2014）"以 CITY ONE 项目为例探讨了豪宅营销的多策略体系。包含整合营销、品牌营销、公关营销和广告宣传营销等 [16]"。

谢金龙（2016）认为"豪宅公寓的热销，主要在于其兼具投资和消费功能抗跌保值效果相对较好，很好地迎合了一些高净值人群和一些专业投资机构的需求。豪宅公寓仍然存在一定的市场空间 [17]"。

综上，我国房地产虽然发展时间较短，但行业发展迅速，针对豪宅的营销管理研究相对国外有了较为丰富的研究。但是近年市场环境变化快速，行业发展亟须豪宅理论更新与发展，针对顶级豪宅市场的巨大变化，顶级豪宅营销理论也需要进一步研究。

（3）7Ps 服务营销理论与顶级豪宅营销具有较强的匹配性

7Ps 服务营销理论最早源于 20 世纪 80 年代的美国，之后得到不断的丰富和完善，并广泛应用在各行业的营销工作中。7Ps 基本原理与顶级豪宅存在较强的匹配性，其应用营销过程的体现，如表 4-2 所示。

表 4-2 顶级豪宅营销中的 7Ps 服务营销
Table 4-2 7Ps theory application of the top luxurious house marketing in China

营销要素	涵盖内容	顶级豪宅营销中的体现
产品要素	质量、品质、品牌、服务等	建筑、园林、品牌、物业等
价格要素	折扣、付款条件、差异化对比、质量价值对比、顾客认知价值等	均价、总价、付款条件、优惠、贷款利率、客户认知价值等
渠道要素	所在地、可及程度、分销商、分销边界等	渠道合作商、代理公司、外部巡展地、临时售楼处或者其他展示场所等
促销要素	广告、活动、公关、宣传	户外、公关及暖场活动、宣传主题及宣传影片等
人本要素	态度及语音、动作及行为、沟通技巧、顾客参与性等	客户经理、物业管家、水吧服务、样板间讲解员、保洁、安保、客户、银行及法律咨询人员等言行
有形展示要素	消费环境设计、设备设施等	售楼处、示范区、样板间及工法展示等环境设计
过程要素	员工素质及能力、顾客互动等	售楼处营销动线、交房及售后阶段的维修等全过程的管理等

不同于传统 4Ps 的营销元素，7Ps 营销组合理论中新增加的三个营销要素为人的相关元素、有形展示及过程管理，它们在顶级豪宅营销中具体指的是：

1）其中人（Participant），意指人为的相关元素，也称为人本要素，也就是顶级豪宅营销场景中出现的工作人员、服务人员与顾客等。在顶级豪宅的营销实践中，工作人员极为关键，他们将影响豪宅客户对于项目的认知及判断。

2）有形展示（Physical Evidence），意指与销售有关的示范区、样板间、建筑与模型等有关客户体验的所有场景。它的重要性在于可以引导顾客通过自己的所视，让其从中得到可触及的线索，去感受和认可你所提供的产品。

3）过程管理（Process Management），意指客户购买所需产品前的所有过程的影响因素管理。

7Ps营销理论与顶级豪宅营销的结合紧密，依托该理论框架，本文将从产品要素、价格要素、渠道要素、促销要素、人本要素、有形展示要素和过程要素这七个方面，对顶级豪宅营销问题有针对性地提出策略建议。

2.7Ps 服务营销理论框架下的策略建议

2.1 产品要素建议

（1）产品包装策划建议

顶级豪宅在营销策划阶段如何进行有效的客户拓展，首先最重要的是如何赋予项目准确的市场定位，给予客户清晰的产品认知。并明确什么是能够满足客户需求，又区别于竞争项目的核心价值体系。产品包装中须注意如下两个过程。

1）制定准确适当的市场形象定位，实现与客户的准确匹配

准确适当的市场形象定位，需要强调的是产品形象包装的适度

性，过度或者不准确的形象定位策略将导致客户与项目的错配，降低营销绩效及效率。如何实现项目市场形象定位的精准，并提炼出适合的核心价值体系，一方面需要结合市场、竞争项目，另一方面是需要准确预判项目的目标客户。

2）关注市场及客户变化，及时调整和变化项目的产品包装

由于顶级豪宅客户的圈层性和小众性，这要求我们所营销的产品形象符合该群体的圈层共性和个体的差异化需求。然而，如前文所提到的，中国高净值人群处于快速增长期，整体人群有着较强的变化性特征。因此，我们需要时刻关注市场及客户的变化，从变化中明确和适度调整项目的产品包装策略。

（2）应用案例

案例：A 公司是我国大陆在深股上市的房地产十强公司之一，它创立于深圳，随着 20 多年房地产市场的快速发展，该公司逐渐从区域性企业转变为国内大型地产上市企业，在北京、天津、河北发展情况具有战略优势。该企业 2015 年在北京的第一个别墅类顶级豪宅项目位于东五环外的中央别墅区内，属于该企业北方区域唯一的精装合院产品。

1）它的产品形象包装主要通过如下几个关键步骤

第一步，了解市场及竞争项目，熟知其价值体系。

首先，采用"产品趋同、区域趋同、客户趋同、总价趋同"四个维度筛选顶级豪宅市场中的竞争项目 B、C、D。其次，在顶级豪宅竞争中，拥有什么样的区位、资源、产品很重要，更为重要的是寻找到属于项目自身的可形成被市场认可、不具复制性的竞争力，

此竞争力决定了项目在市场中的站位。因此，A项目采用一级竞争、二级竞争分解竞争项目为两个不同梯队，分析其项目的核心价值体系和主题定位，给予本项目以借鉴。

第二步，多方位了解客户，找准客户狠挖痛点。

项目在营销之初的客户预判对于营销推广及渠道深挖等各类营销工作具有重要的指向作用。A项目一方面挖掘前期同类项目的客户调研资料，了解类项目的客户区域及特点。另一方面，重点访谈其他高端顶级豪宅项目操盘手、销售、业内媒体等人士，细究顶级豪宅客群。同时在初步了解预判的客户群体之后，它有效选择了一部分意向客户领袖，并对他们进行了客户的深访，准确研究了客户圈层的生活、媒体习惯等。

第三步，给予准确的市场形象定位，并适度展开对外推广。

在仔细了解竞争项目价值体系及意向客户的准确需求之后，A项目最终判断出符合客户群的独特价值点，即为本案的核心价值。而A在后续的营销中从这个核心价值体系出发，给出了准确的市场形象定位，即"中央别墅区的＊＊庄园"，并树立了统一的内外释放标准，有针对性地制定了推广策略及诉求。

2）A项目在对外推广中关注的重要事项

首先，形象提升与最高价值吻合。项目的推广营销中，始终以最高价值产品形成贯穿主线，传播实现立意高远，高举高打，树立顶级豪宅的品牌形象以达到价值包装提升的作用。

其次，营销推广与客户需求匹配。项目的推广诉求与意向客户对国际化、庄园的需求对位，从准确的客户需求来分析，差别化地制定不同阶段的项目推广方向。该项目在开盘前以原有推广主线"中央别墅区的 ** 庄园"的基础上，增加对人文、城市等各种核心价值要素的传播，力争形成联合影响力来带动销售。

再次，画面设计符合项目定位。项目的画面设计与奢侈品广告的风格等相结合，简约大气的设计同时，凸显顶级豪宅的豪华气度和市场定位。

综上，在影响客户购房及体验的初期，营销策划阶段的产品形象包装尤其重要。在产品形象包装策略中应注意结合客群特点，在具体的执行中遵循了解竞品、了解客户、明确核心价值等三个重要步骤，使得对外推广中贯穿一条明确的调性和价值判断主线，力争推广诉求、画面表现等与意向客户的需求对位。

2.2 价格要素建议

（1）价格策划建议

项目定价与其价值分析、客户体验和服务预期存在较大的相关性，顶级豪宅产品的定价，是其在营销准备阶段最为关键的一点，直接决定了客户对项目体验的要求标准，也将最终影响客户成交和交房后的满意度管理。因此，顶级豪宅的价格控制，对于项目的营销成败及客户的期望管理都至关重要。

1）顶级豪宅定价考虑因素

价格的制定必须在对各种影响因素进行深入、细致分析的基础之上制定。定价需重点考虑的因素，如表 4-3 所示。

表4-3 顶级豪宅营销定价重点考虑因素

Table 4-3 The key factors for the marketing pricing of top luxury house

考虑因素	主要内容
成 本	它是豪宅价格制定的底限，但由于营销周期性特点，在部分阶段或者特殊部分存在低于成本销售的可能
竞 争	整体市场及区域竞争项目的定价对本项目的价格制定具有直接的影响和制约
产 品	豪宅产品的差异化决定了项目的竞争格局，如果项目的独特性越明显，则在价格制定中对于竞争项目的依赖度越低
心 理	主要指客户的购房心理，受到政策、品牌及区域交通等各种因素的影响，是定价过程中最不可测的因素之一
目 标	主要指开发商目标，处于不同阶段的开发商具有不同的市场目标，因此决定了不同阶段的销售诉求和价格制定策略
法律法规	主要指定价需要符合政府的规定及条文，这是一条不可逾越的红线

2）常见的定价方式

由于高净值客户大多具有多次置业经历，对于产品的品质及服务要求更加苛刻，对价格的敏感度相对较低，且顶级豪宅具有极端独特性，缺少竞争项目价格的实际对标，因而它的定价更为复杂。定价的方式主要有需求导向定价、竞争导向定价、市场导向定价。

3）定价策略

定价策略的制定对于全盘推广也有着重要的作用。一般情况下，顶级豪宅营销应"以高带低"，首先通过高总价产品的推出，来拔高项目整体的推广调性和形象，然后在该形象已经获取市场认知后，再进行其他较低总价产品的推出，这样利于后期低总价产品获得更高的价值认可和价格溢价。

（2）应用案例

案例：A 公司北京销售的另一顶级豪宅产品，该项目位于北京海淀区，平层住宅的产品户型为 230 ～ 500 ㎡，主力总价在2500 ～ 3500 万元，售价最高的楼王户型 2017 年的报价为 8000 万元左右。

1）案例项目的定价方法选择

该项目早期的产品定价采用的是竞争导向定价，主要考虑的因素为市场在售的对标项目，采用随行就市和跟随领导者定价两种方法。通过与对标项目的价值体系差异对比，寻找自身的价格定位。在价格制定中，考虑到其他顶级豪宅与本项目的竞争性，首先通过与各竞争项目就区位、交通、配套、产品等多因子进行权重对比分析，最终结合竞品价格加权平均求出本项目的入市价格。与 A 项目同期存在竞争因素的其他豪宅分别为 B、C、D，A 均价的市场导向推导，如表 4-4 所示。顶级豪宅楼盘均价确定的基本方法和原理与常规项目并无二异，同样是基于市场、产品和客户等多维度的平衡分析。

表4-4　顶级豪宅定价模型（简版）

Table4-4　The model of Top luxury house pricing

项目	地段位置	产品类型	销售速度	开发品牌	物业管理	平均权重	参考价格（万元 / m²）	加权价格（万元/m²）
B	30%	35%	20%	35%	20%	28%	9	2.52
C	40%	25%	30%	25%	40%	32%	11	3.52
D	30%	40%	50%	40%	40%	40%	10	4
总计	100%	100%	100%	100%	100%	100%	--	--
A 基准均价	10							

但在当前阶段的销售中，由于该项目区域顶级豪宅氛围已经成熟，项目稀缺独特的价值因素更加突出，因此通过打造市场领导者或者差异化顶级豪宅的角色，突破原有的市场定价规则，实现自由定价权。针对该项目最新推出的楼王房源，它的定价方式主要采用竞争导向方式下的超越领导者定价。所在海淀区域最高销售产品为16万元，总价在5000万～7500万元，该案例项目新推出的楼王产品直接报价略高于16万元 / m²，总价达到8000余万元。通过对标区域最高单价，实现区域内最高总价的顶级价格，成功塑造区域第一顶豪的价格标签。

2）案例项目的定价策略选择

在定价的过程中，案例项目通过拉高价格，并配合高总价产品极致的客户体验和价格挤压，促进了项目价格的"无抗性"提升，最终实现高溢价情况下的匀速销售，促进项目拉升高溢价。在当前

阶段的推广过程中，项目首先采用的是"高举高打"，重塑了项目
VI 形象及价值体系，主打最顶级的产品竞争优势，规避全面兼顾的
思路，成功塑造了顶级豪宅的市场形象。当顶级客户形成有效的实
际到访后，客户在 8000 万元的楼王参观中受到项目品质和体验的强
烈震撼，虽然由于购买力等因素放弃购买，但转而更为容易地接受
了该项目 3000 万元左右的低总价产品。但从技术上来说，价格的制
定与价值应尽量接近，因为两者的偏差将影响售后阶段的客户满意
度。因此，顶级豪宅定价过程中不仅需要从企业目标、竞争影响及
利润平衡的影响来选择定价方法和策略，更应该力求价值与价格相
吻合，从高净值客户的角度精确衡量一个项目的产品价值过程，最
终助力于开发企业与客户的双赢。

2.3 渠道要素建议

豪宅客户的群体体征和个性特征存在着与普通住宅较大的区别，
他们在生活习惯上显现出对圈层外封闭、不善高调张扬、属于特定
圈子等特点，这些都要求豪宅营销通过有效的渠道资源整合来进
行。由于顶级豪宅客户属于豪宅客户的塔尖，因此针对他们的线下
渠道就更为稀少。所谓的渠道营销更多是影响顶级豪宅客户的"身
边人"——高净值人群。但是渠道资源选择的有效性因不同的项目、
不同的区位、不同的城市环境等又体现较大的差异，相同的渠道资
源对不同的项目，体现的客户精准性和有效性都可能有非常大的
差别。

因此，除了营销推广的表现难以匹配客户群体的共性特征，渠

道资源的精准定向也存在非常大的难度。为实现渠道管理的绩效提升，需要坚持以目标客户为中心，无论线上的渠道表现还是线下的渠道整合，都需要根据高净值人群置业的特点来分析，才能实现良好的渠道管理优化，促进项目的营销绩效提升。在具体的渠道营销过程中，通过对时间、经费、策略、执行等核心要素进行综合判断，结合各类型渠道的不同特征，渠道主要分为代表大众通路的线上渠道、代表小众通路的线下渠道，如表 4-5 所示。

表 4-5　顶级豪宅营销主流渠道
Table 4-5　The channels of top luxury house marketing

渠道类型	媒体形式	详细说明
线上渠道	大众媒体	极少量报纸广告主打项目形象及信息发布，极少采用电视等媒体
	专业媒体	财经类报纸、奢侈品等时尚杂志
	其他媒体	以国际航空杂志及高尔夫会刊等 DM 为主，配合部分专业房产网站进行项目公告，如房天下等
	户外媒体	根据豪宅客户主要的居住和生活动线，选取主要路口的户外擎天柱、交通指引牌等广告载体
线下渠道	资源合作	通过与线下的高端人群俱乐部等合作进行资源拓展
	活动营销	以圈层类活动为主，固定节点配合客户维护

（1）渠道策划建议

线下渠道主要基于该类群体的社会圈层，围绕他们感兴趣的主题或者活动进行产品的软性推介，具有精准定向、低成本、见效快等优势，属于最为有效的营销动作。线上渠道多为辅助型手段，主要用于项目的高端形象树立和产品信息告知等。

1）顶级豪宅渠道营销管理的注意事项

在具体的执行过程中，虽然客户会、沙龙、论坛、峰会等形式已经相对成熟，但是仍然需要注意如下事项：

①根据高净值人群的置业特征，活动组织须满足客户目的性需求。他们希望参加的活动主题有价值或者感兴趣。比如跟项目关键节点相关的活动、能够拓展人脉或者投资事业的活动、能够对位自己子女教育和特长的活动，这些都是常见的活动形式。

②活动切忌有较强的商业意图，需要注重活动的质量和互动性。适当控制高净值人群的活动参与人数，保证活动质量与调性才能促进客户的体验及二次推荐。同时，客户活动的时间不宜过长，活动的组织需要增强与客户的互动。

③针对活动的邀约须提前进行，越是设置必要的参与门槛，越是能够保证客户的活动参与质量。以国内某知名别墅营造专家的地产公司为例，它的每次大型节点活动采用寄送邀请函的形式，一方面体现活动的高端性和圈层性，另一方面通过设置一定的门槛，让参与者在转发项目邀请图片时显得有身份感，也间接促进了项目的圈层传播。

2）顶级豪宅营销管理的创新思维

就目前而言，顶级豪宅的渠道营销管理没有太多的创新形式，往往是在面对具体的项目和市场情况时，从客户的角度出发去寻找匹配的营销资源或者形式。因此，渠道营销的成功与否更多的是依靠一线营销者的创造性思维。如"奥斯卡颁奖晚宴式"的开盘模式，放弃了传统活动氛围挤压的选房模式，却更加符合客户的高端身份及圈层诉求。

（2）应用实例

案例：YY公司为发源于北京的知名地产公司，之前已在北京各区域成功开发多种类型的顶级豪宅。它在东南五环外开发的顶级别墅通过大渠道模式和全面拦截体系的搭建，采用的渠道管理方法和体系，具有一定的借鉴意义。

1）案例项目构建的大渠道模式

项目通过公司合作及个人合作两种形式进行项目渠道拓展体系的搭建，其中公司合作是指通过泛行业协会、俱乐部等渠道资源的整合导入实现客群的圈层拓展。泛行业的合作资源主要有：私人银行等高端泛行业、机构合作，为高端人群搭建资产配置服务，如覆盖高端泛行业的协会（银行VIP、豪车CLUB等）、行业协会（互联网工会等），同时在圈层客户资源导入中须遵循"宁缺毋滥"原则，提高营销效率。而个人合作主要依托于老客户、员工、合作方及其他公司掌握的原有资源，增加对潜在客户的约访、推荐购买等，促进项目的意向客户增加或口碑宣传。大渠道模式的体系构建，如图4-1所示。

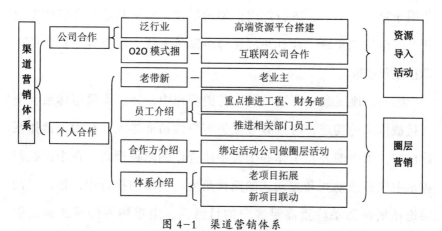

图 4-1 渠道营销体系

Fig.4-1 The system of channel marketing

2）案例项目针对客户构建的全面拦截体系

项目根据高净值客群的特点，可以进行"被动式"与"主动式"的客户拦截，"被动式"拦截强调的是结合他们与媒体的接触特性，通过线上广告对他们进行网络信息的覆盖；通过线下广告对他们工作区域及居住区域的必经动线进行"地图"式的信息覆盖。"主动式"拦截强调的是对重点意向客户的拦截，该类人群具有明确的购房意向，因此精准性更高。一方面通过设置专职人员对竞争项目售楼处沿线的路口进行户外广告的发布、短信车的安排、扫街人员的设置；另一方面通过与竞争项目销售顾问、客户所在区域二手房经纪人组成个人合作联合体，有效吸收该项目或该门店中已接待但须转推到其他项目的客户。

在具体的执行中，项目除颠覆传统的渠道模式定义，设立了商务拓展的经理岗，将策划的部分职能分配至商务拓展岗。依照"人依附于事"的形式，进行部门框架的组建，渠道总监负责整体渠道任务的组织和实现，商务拓展经理协助负责线下线上客户资源的主动拦截和获取。

综上，顶级豪宅营销的渠道营销管理中，通过大渠道体系和全面拦截体系的构建，可以有效促进客户的精准导入。在大渠道体系建设中，须强调公司主体和个人主体合作的两种模式，在全面拦截体系中注意被动式和主动式的两种角度。具体的执行中，还须强调渠道拓展的活动注重满足客户的目的性，渠道拓展的形式满足创新性。

2.4 促销要素建议

（1）促销策划建议

根据菲利普·科特勒的定义，促销是通过人员或非人员传播商品信息，影响和促进顾客购买某种产品，或使顾客对企业及企业产品产生好感和信任的活动。促销的本质实际上是销售者与客户之间的有效沟通，主要包含人员推销、营销广告、公共关系等方面。它的基本策略主要有拉引策略和推动策略两个方面。

在顶级豪宅营销中，拉引策略强调的是以资源导入类及高端场所巡展等形式进行客户的挖掘和邀约到访售楼处；推动策略主要是通过广告推广及公关活动等吸引客户对于项目的关注。

1）顶级豪宅营销中的拉引策略与线下渠道

促销策略中的拉引策略需要根据高净值人群的群体特征和置业特征与线下渠道营销相结合，进行针对性的营销。根据高净值人群

对于营销活动去商业性、目的性的要求，以国内知名地产项目星 *
湾的经验为借鉴，促销的过程中需要注重两个主题。一方面可以选
用与奢侈品相关的主题活动，这代表了高净值人群的实际需要，为
客户带来了方便。另一方面选用与商会等资源相关的主题，这也符
合高净值人群对于圈层人脉拓展的需要。同时在实际的执行中，需
要满足高净值人群对自身财富标签的需要，注意坚持让客户在跨界
活动中有面子。坚持各部门统一协调的执行力，坚持注重媒体的宣传，
实现圈层公关及媒体外宣的最大化效果。更为重要的是，需要注重
对拉引策略和渠道营销的坚持和贯彻，系列不断的促销动作展开，
才能综合实现营销的价值实现。

2）顶级豪宅营销中的推动策略与线上渠道

由于线上渠道如报纸等，覆盖面相对较广、同时间的受众数较多、
区域性的权威特征强等特点，因此推动策略在线上渠道的有效运用，
有助于企业的品牌落地和项目的形象打造。但顶级豪宅营销采用推
动策略时，须强调的是要注重项目内涵及理念价值的深入宣传。在
对外推广中，不仅需要注重项目外在形象的提升，更需要重视项目
的内涵及理念，深入挖掘顶级豪宅项目的价值体系。一方面需要注
意推广阶段的内容划分，不同的营销阶段和差异化的市场竞争环境，
需要结合时点进行不同信息的推广。另一方面，信息时代对信息的
传播速度更加强调内容性和主题的创造性，随着高净值客户对新媒
体的不断关注及使用，对自媒体等新型的传播手段使用，也是豪宅
促销策略中增强渠道管理的重要部分。

（2）应用案例

案例：仍然以渠道应用案例中的 YY 公司的东五环项目为例，它在促销策划中，首先运用拉引策略，结合本项目样板间、车库、会所等客户会重点关注的开放节点，通过事件吸引带动客户对本项目的黏性管理。同时运用推动策略，以新品形象重塑为主，构建全新 VI 形象及价值体系。通过提升项目新品的升级形象，凸显了与前期产品的价值差别，提升客户对于新品价格的接受预期。具体的促销安排，如图 4-2 所示。

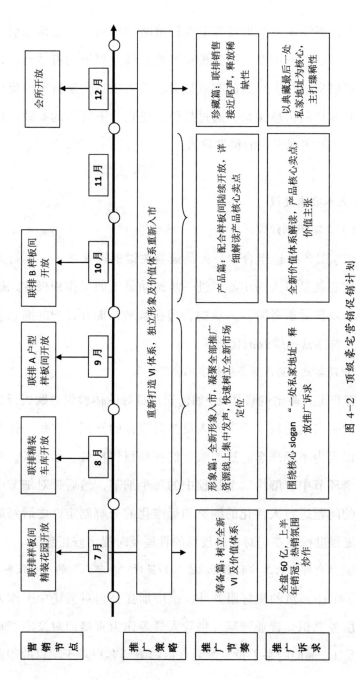

图 4-2 顶级豪宅营销促销计划

Fig. 4-2 The promotion plan of top luxury house marketing in China

综上，顶级豪宅渠道管理中促销策略的运用，应强调拉引策略与推动策略的补充配合。通过推动策略在线上渠道的有效运用，顶级豪宅可以实现线上形象的有效提升，助力项目构建良好的价值体系，提升客户的价格预期；通过拉引策略在线下渠道的有效运用，将更为有效地实现客户的精准导入。

2.5 人本要素建议

（1）人本策划建议

在7Ps服务营销组合中，人是最为关键的因素之一，实行人本策略的核心就是以人为中心，进一步调动员工的工作积极性，通过销售签约及售后服务阶段人员的管理和激励，提升客户的满意度，最终实现整体营销绩效的优化。

1）规范客户接待及服务的标准化管理体系

当客户走入豪宅的售楼处，如何通过良好的体验促进购买行为，很重要的一点就是每一个工作人员提升服务的意识，在每一处细节中体现以人为本的理念。这要求我们在项目售楼处、示范区、样板间等各个环节中，解构这个过程中的每个细节，然后针对细节中可能存在的问题进行人性化的调整和标准化的分解制定。之后每周需要对该流程进行巡查，对营销现场的管理及时提出修正意见。

2）关注内部人的工作和生活状态，加强对"内部人"的人本服务

除了工作人员的良好服务外，也应加强公司对案场中工作人员的人本服务意识。置业顾问、物管人员等作为直接面对豪宅客户的第一线员工，他们的举手投足都会直接影响到客户对于项目的印象，

在严格服务管理体系的同时，需要加强对工作人员的人本服务，对他们的工作和生活状态进行必要的人文关怀，这往往被企业所忽视。

（2）应用案例

案例：以 A 公司在北京中央别墅区的顶级豪宅项目为例，该项目在营销阶段的客户服务体系中构建了 6 大标准步法。这是它研究出的一套客户服务管理的有效方法，强调了客户从初次接触到最终入住的全过程管理，主要分为如下几个步骤：

第 1 步"温馨牵手"——通过售楼处内"阳光宣言"，提示客户项目的潜在风险，让客户对产品风险提前预警，避免销售后期客户再发现可能带来的被动局面。

第 2 步"喜结连理"——提前明确合同等条款内容，让客户在签约时增加对企业及项目规范性的认可。

第 3 步"亲密接触"——通过微信、短信等通信手段，实时帮助客户了解项目进展，并举行工地开放日等活动，提升客户的过程满意度。

第 4 步"隆重出阁"、第 5 步"恭迎乔迁"、第 6 步"举案齐眉"——指的是产品交付阶段，需要注意入住现场及流程的精细化管理，实现多人对一家的专属服务。勇于承担开发商及物业责任，使业主住得舒心，最终提升客户满意度。

通过售楼处现场销售动线与 A 公司以上客服步法的结合，该项目在整个售楼处营销管理中，有效加强了客户的体验管理，如图 4-3 所示。在客户入住交付阶段，A 项目根据节日及客户生日等不同节点，会采用礼品赠送和生日祝福等多种客户联谊活动；而且定期针对社区开展文化建设及贴心的家政服务等，如亲子才艺大赛、定期免费洗车等。A项目通过售前、售中和售后等全流程实现人本策略的落地与执行，实现了良好的客户体验管理。

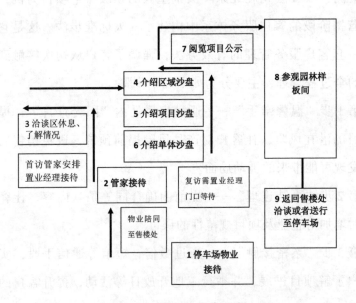

图 4-3　售楼处销售动线

Fig.4-3　The sales line of top luxury house in sales store

　　总之，顶级豪宅营销的体验管理不同于普通住宅的常规体系，需要更为注重人本理念和精细化服务。客户由于多年的财富积累和生活习惯，对于人本服务的要求更加苛刻。因而人本策略是顶级豪宅营销必须注重的策略之一，也是售后提升客户满意度迫切需要的问题。

2.6 有形展示要素建议

（1）展示策划建议

展示策略主要围绕客户的体验管理来展开，而国内外针对体验管理的研究成果较为丰富。自美国学者 B．Joseph Pine、James．H．Gilmore 的《体验经济》和 Bernd.H．Schmitt 的《Experiential Marketing》的陆续入市，体验营销的理念已经在各行各业中得到了深入推广和应用；国内学者李姗提出体验营销具有商品、品牌、环境、事件和广告的五个体验化切入点；黄华提出体验营销的五种路径：以个性作为基石，以情感作为主线，以文化作为载体，以环境作为纽带，以体验服务作为关键。此外，一些人从客户的感官出发，提出体验营销的"SHUP"模式，他们认为体验营销由看、听、用、参与四个关键点作为有机组合。张铮最新提出的体验营销，是须注意"听、看、嗅、味、触、享"六感统一的销售体验。

房地产的体验营销，作为展示策略的具体运用，它的管理是指通过让客户体验示范区、售楼处及样板间来确认和认可产品价值，并通过良好的服务和沟通促成信赖而确定购买的过程。在豪宅营销过程中，如何在售前、售中及售后进行良好的体验展示，已经成为取得客户认可的重要举措，甚至可以说是必要的前提条件。

（2）应用案例

案例：以产品包装案例中的 A 项目为例，在它的展示策略执行过程中，通过做好两个场景、九大触点的体验设计，力求深谙客户心理与偏好，打造极致化的豪宅展示体系，最终促使客户下单，如表 4-6 所示。

表 4-6　顶级豪宅营销展示体系

Table 4-6　The marketing exhibition system of top luxury house

场景	环节	内容
示范区展示系统	外部导视展示	项目领地内设置精神堡垒，增加项目昭示性及展示效果
	接待人员展示	客户接触项目的窗口，高端物业服务体现，保安引导客户停车，置业顾问在售楼处入口迎接客户，将客户引导至售楼处
	示范园林展示	园林景观、道路铺装让客户感知高档社区品质和未来生活氛围，让客户感知高档社区定位
	指示系统展示	通过高端精致的指示系统，展现社区整体调性
	管理服务展示	按照五星级标准，打造极致的豪宅物业服务体系，包括泊车服务、销售接待、水吧服务、保洁安保服务等
售楼处展示系统	售楼处内部装修	高端大气的内部装修风格，深谙客户群体的心理及文化特征而成
	沙盘讲解展示	大尺度全方位沙盘——充分利用高科技声光电一体化，表现项目建筑风格、园林规划、户型结构等
	样板间展示	样板间实景生活展示让尊贵的客户享受最尊贵的体验
	施工的工法展示	完全还原项目所有高品质工艺和高科技运用，更好地让客户感觉到项目高端品质

除此之外，随着房地产市场的日益成熟和信息技术的快速变化，目前豪宅的体验营销正在结合以下趋势：

趋势 1：在保证客户尊贵感的同时，弱化售楼处的销售意味，让客户静下来感受家的氛围，营造未来真实的生活场景，增进客户居住而非销售的体验。

趋势 2：在营销过程中注意触点营销，强化产品的细节感及故事性。通过不同的节点设置，"故意"设计几处细节来感动客户，让客户主动参与到整个体验的过程，舒适地进行居住体验，这也成为顶级豪宅营销的常用做法。比如北京豪宅地产圈中关于"万柳的墙、西宸的缸"等营销故事的设置，都是以细节展现价值，而去除奢豪意味，增强客户体验感知的经典案例。

趋势 3：VR 体验等各种高新技术率先使用在顶级豪宅的售楼处营销中，促进顶级豪宅体验的数字化升级。VR 体验的过程不仅可以实现全景看房，而且可以实现交互游戏的互动，通过 VR 视频，只需转动设备按钮，即可感受未来的生活场景。

综上，展示策划的过程中，通过做好两个场景、九大触点，力求深谙客户心理与偏好，打造极致化的豪宅展示体系，最终促使客户下单。同时，顶级豪宅营销也需要注意弱化售楼处的销售意味，体验过程的设计中注重客户的参与感、细节感和产品的故事性，为客户购买决策提供更便捷的展示体验。

2.7 过程要素建议

（1）过程管理策划建议

顶级豪宅营销的客户满意度提升，离不开对于客户期望的全过程管理，这要求开发企业高度重视从开发、营销到售后的全流程管理，全面控制客户期望，从而提升客户满意度。紧紧围绕客户为中心的客户体验，在客户体验的售前、售中和售后等不同阶段，增加客户期望管理的专业性、完善性、可控性等，如图 4-4 所示。

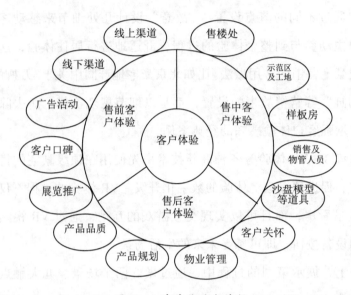

图4-4 客户体验全过程

Fig.4-4　The entire process of experiential marketing

（2）应用案例

案例：以 YY 公司为例，该公司在北京中央别墅区打造的亿元级顶级豪宅属于行业标杆，它的精细化过程管理属于行业领先，值得顶级豪宅项目进行借鉴。它的过程管理模式及对客户的期望管理，主要包含以下两方面内容。

1）过程管理策划的模式借鉴

顶级豪宅客群稀缺，呈现明显的圈层化属性。针对该类客群，案例项目放弃了传统的豪宅营销模式，通过开启会员制的精细化服务营销模式，强化了售后阶段的客服管理，实现了客户期望管理的流程可控。他们所发起并由意向客户组成的客户会，实现了从营销策划、销售签约到售后服务三大过程、七大阶段的全流程管理，如图 4-5 所示，通过精细化管理与客户期望管理的全面结合，促成了项目良好的口碑传递及客户满意度提升。

图 4-5　精细化服务营销的管理全流程
Fig.4-5　The entire process of Fine service marketing management

会员制的深度构建，为客户建立了社交主题的顶级客户圈层平台，通过会员的吸收来积累与项目定位相契合的高端圈层客户，利于实现圈层的高端纯粹性，促进了客户圈层价值的最大化。以客户会为核心建立的高端开发服务团队，可以使客户会形成持续性可经营高端品牌效应，完成对项目客群期望管理的全流程无缝对接。会员制精细化服务管理体系的建立，是提升项目核心竞争力的重要途径，可以调整当前的产品经营思路，从营销为导向转为服务为导向，实现我们去找客户转向让客户主动来找项目。并由此形成"长期持续发展——建立核心目标——形成业绩"的营销思路，有效实现企业品牌的企业形象再升级。

2）过程管理策划中的客户期望管理问题

客户期望管理需解决的核心问题是客户认知差距，它是客户期望与客户实际感知之间的产品或者服务差距，是客户交付后出现满意度问题的重要原因。要弥合这一差距，就要对认知差距产生原因进行分析，可能有如下三个方面：对客户需求分析的信息不准确；对客户期望的解释信息不准确；从项目与客户联系的层次向管理者传递的信息准确性不足。这些问题的解决，需要项目强化过程的管理，从开发、营销到售后的全流程中注意围绕客户为中心，深入了解客户的真实需求，在合理的范围内尽量减少客户认知差距，进行全流程管理。

综上，客户期望管理的有效管理需要依托过程管理策划，而它的具体运用主要通过会员制的精细化服务管理来实施。它强调的服务不是从售后阶段才开始，特别强调在客户认可的"买时"和交付后的"住时"，围绕这两个阶段需要开发企业重视产品、设计、工程、营销等每一个过程的客户服务及期望管理。因此，会员制的精细化服务管理，可以通过过程管理策略实现客户期望管理水平提升，可以完成从产品输出到客户导入的重大变革。

下篇：长租公寓 REITs 的加持赋能

——基于长租公寓发展背景下 REITs 模式研究

第五章　井喷之势的长租公寓

1. 顺应政策的企业风口

1.1 政策的大力倡导

自 2015 年起，从中央到地方陆续出台了一系列鼓励住房租赁的政策，租赁市场开始获得政策红利，2015 年 1 月住建部提出指导意见"开发商从单一销售向租售并举的经营模式转型"，我国地产行业开始了从"重售轻租"向"租售同权"的转变。11 月首次将公寓出租定性为生活服务业，明确提出了重点发展长租公寓等细分业态，为我国长租公寓的发展提供了良好的政策环境。

2016 年租赁住房市场的发展政策得到各级政府热烈反应。国务院常务会议 5 月提出发展住宅租赁市场，以满足新型城镇化住房的多样化需求，6 月提出"加快培育和发展住房租赁市场的若干意见"，从培育、鼓励、完善、支持、扶持、监管六个角度提出加快和发展住房租赁市场。此后各地政府纷纷响应支持长租公寓市场，正式拉开了全国租赁住房市场的热潮。

2017 年对于住宅租赁市场而言，多项重大利好纷至沓来。5 月住建部为建立租售并举的规范市场，起草了《住房租赁和销售管理条例（征求意见稿）》，6 月国务院提出"到 2020 年形成供应主体多元、租赁关系稳定的住房租赁市场体系，并首次明确将租售并举定义为我国未来的住房制度"。7 月住建部、国家发改委、公安部、财政部、国土资源部、人民银行、税务总局、工商总局、证监会九部委在"因城施策"的调控方针下，联合发布了在人口净流入城市加大租赁市场供应的通知，提出培育机构化及规模化住房租赁企业、建设政府住房租赁交易服务平台、增加租赁住房有效供应、创新住房租赁管理和服务体制等。

而十九大后的首个中央经济工作会议又再一次将住房租赁等工作，列入了 2018 年力争见到明显成效的重点工作范畴，并首次着重提出了"长期租赁"这一概念。这是对"房子是用来住的，不是用来炒的"核心思想的贯彻，是从供给侧解决城镇居民住房问题的重要国策，也有助于实现"让全体人民住有所居"。

综上，近年长租公寓的政策红利不断利好，"租售并举"成为我国未来房地产行业明确的发展趋势，随着"政府搭台、资本支持、企业唱戏"，我国长租公寓迎来空前未有的发展利好，逐渐成为我国住房供需市场的新常态。

1.2 企业的抢滩登陆

随着"租售并举"政策的不断利好，长租公寓市场呈现"多方参与，百花齐放"的火爆局面，无论是传统开发商、地产中介、酒店集团，还是互联网＋资本的公寓管理平台，各类型企业纷纷抢滩长租公寓市场。

截至目前的不完全统计，我国入市的长租公寓公司已达到500个左右。除了新派公寓、魔方公寓等公寓管理平台的长租公寓外，知名地产中介机构的链家自如、伟业我爱我家的相寓也是长租公寓的重要力量。除此之外，传统开发公司也开始纷纷转型，其中万科泊寓、龙湖冠寓作为地产企业的领先军团已经在我国一线城市形成一定的布局，华润置地、碧桂园、旭辉等知名地产公司也相继启动了全国的战略性布局（如表5-1所示）。开发公司由于本身的资金和资源优势及丰富的地产开发经验，其主导的长租公寓已逐渐成为长租公寓市场的主力军。

表 5-1　部分典型房企的长租公寓情况

Table5-1　The introduction of the long-term apartment which was lanuched by real estate development company

企业名称	公寓品牌	进入时间	情况简介
万科	泊寓	2016 年 5 月	开发企业中率先进入长租领域，已进入 28 个城市，有超过 20000 套已开业，待开业房间数 80000 套，规模上暂已成为房企类型的长租公寓市场第一梯队
龙湖	冠寓	2016 年 8 月	2017 年布局进入 16 个城市，目前已经在深圳、成都、北京、上海、重庆等一二线城市开展，其发展目标是在三年内迅速形成规模优势，跻身中国长租公寓市场前列
旭辉	领寓	2017 年初	领寓开发了博乐诗服务公寓、柚米国际社区和菁社青年公寓三条产品线，并且在上海、苏州、杭州、成都、重庆、南京、北京、无锡、厦门 9 个城市布局，对于未来，旭辉提出 5 年 20 万间集中式公寓，进入行业前三甲，并且 IPO 上市的目标
华润置地	--	2017 年 8 月	2017 年 8 月集团层面组建长租公寓项目部，已布局北京、上海、深圳、广州、天津、杭州、南京、成都、武汉、大连 10 个城市，涉及公开市场、城中村改建、公寓改造、工改住、商改住等多种类型项目
碧桂园	BIG+ 碧家国际社区	2017 年 12 月	2017 年 12 月 20 日正式对外发布了其长租公寓品牌，计划到 2020 年，围绕一二线核心城市发展 100 万套长租公寓，同时研究利用鼓励农村集体建设用地发展租赁住房等政策建设长租城市

除各企业纷纷加码长租公寓外，各商业银行也响应政策号召大力支持长租公寓等住房租赁市场，比如中国建设银行 2017 年分别与

华润置地、碧桂园、招商蛇口、广东住建厅、武汉市房管局等建立或者签署租赁市场业务的战略协议；中国银行与厦门国土局也签署了租赁市场金融服务的战略协议；中国工商银行与广州市住建委签署了租赁市场的战略协议，与越秀集团和珠江实业集团分别签署了租赁市场的战略合作协议等。各商业银行与知名房企或者政府的战略合作，也将大力促进长租公寓的全链条金融服务。各企业凭借自己的资金或者资源优势，希望在尽快的时间内建立自己的领先品牌和发展规模，获取长租公寓的未来优势。

2. 万亿级的市场潜力

2.1 亿级的人口需求

首先，我国流动人口规模巨大，根据《中国流动人口发展报告2017》和统计局等数据显示，截至 2016 年末我国流动人口已达 2.45 亿人。按照《国家新型城镇化规划》中的规划，截至 2020 年我国预计的流动人口总额也将维持在 2 亿左右。该类人群中具有租赁需求的比例约占总流动人口的 2/3（如图 5-1 所示），因此国内流动人口的存在和潜在租赁需求，为我国长租公寓发展提供了巨大的市场潜力。

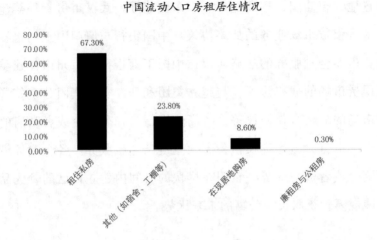

中国流动人口房租居住情况

图 5-1　中国流动人口房屋居住情况

Fig.5-1　The housing situation of Chinese floating population

数据来源：《中国流动人口发展报告》，中金公司研究部

　　其次，根据我国国情，人口从三四线城市向一二线都市圈流动的趋势较为明显，大规模的人口流动在一定周期内仍将成为我国社会的重要现象。在这样的一种趋势下，随着一二线城市人口密度的增加，商品住宅的价格也将在一定时期内保持稳步走高的态势，加之限购限贷逐渐成为一二线城市频发的行政管控手段，这些都使得流动人口首次置业及租房的时间周期得到延长，为长租公寓市场提供了更为有利的支撑。

　　再次，我国人口结构也发生了一定变化（如图 5-2 所示），我国租房客群的年龄结构逐渐向 90 后转移，该类人群中很大一部分从父母继承两套以上房产，或暂时不愿忍受成为房奴对自己生活品质的压迫，因此该类人群短期内更愿意选择租赁来保证自我的生活品

质。市场中现有的私人租赁供应已不能满足 90 后客群的品质追求，
租赁人口的需求升级也为长租公寓的发展提供了新的契机。

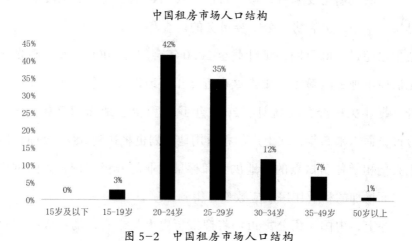

图 5-2　中国租房市场人口结构

Fig.5-2　The population structure in chinese renting housing market

数据来源：赶集网《2015 年租房市场报告》

综上，长租公寓市场具有亿级以上的潜在需求，该类需求的租
赁周期延长，部分客群对居住品质要求较高，这些都将利好未来的
长租市场。反观现在的长租公寓市场，长租公寓整体供应仍然较小，
未来将迎来巨大且高速的发展空间。

2.2 万亿级的市场潜力

根据我国流动人口的人数及未来人口趋势，链家研究院、中指
研究院及华泰证券等多家机构对长租公寓市场进行了预测。其中根
据链家研究院在《租赁崛起》中预测，我国长租公寓市场市值已达
万亿元，而截至 2015 年我国租赁市场的租赁人口仍将在 2.3 亿，租

金规模将达 3 万亿元，截至 2030 年我国租赁人口将达到 2.7 亿，租金规模将达 4 万亿元。

从供应端角度来看，截至目前，我国长租公寓行业的发展非常迅猛，据中国饭店协会公寓委员会的调查和测算，2015 年品牌公寓数量已超过 100 万间，预计截至 2020 年会超过 1000 万间。在多元化供应土地的政策下，重点城市近 2 年土地供应中租赁用地大幅攀升，据相关中介公司统计：2017 年我国租赁土地面积已超过 500 万㎡，而未来 5 年，北上广的租赁用地计划也将达到 3825 公顷，加上其他租赁住房试点的土地供应和存量物业的升级利用，我国供给侧层面增加的租赁住房供应数量将得到井喷。

综上，中国长租公寓市场将迎来历史上从未有过的春天。在政策支持下，长租公寓作为地产细分子行业之一，即将迎来黄金发展时期。无论从市场需求层面，还是从政策引导的供给层面，长租公寓市场都面临着巨大的发展空间。

第六章 长租公寓发展的窘境与未来

1. 长租公寓发展的窘境

快速发展的长租公寓市场虽然备受瞩目，在实际运作中却存在着一系列的发展问题，比如房源选点问题、房源成本问题、远期租金的上涨预测问题、空置率和周转率问题、利润率问题等。这些问题考验着长租公寓运营者和投资者的眼光和能力，但是当前阶段如何能够寻找到有效的盈利模式、融资模式、退出机制等，这些更决定着长租公寓能否实现所谓的"前期不赔就是赚"。只有从窘境中寻找到一条令各方满意的光辉大道，实现企业价值的可持续增值，这才是当前阶段需要最突出解决的核心问题。

1.1 快速发展中缺乏有效的融资模式

近两年随着楼市过热，金融机构、信托基金等大量的资金过度流向海内外房地产市场，一方面对我国实体经济的资金需求造成制约，另一方面也加剧了房地产行业的整体风险，并最终可能形成系统性的金融风险。为防止资金违规过多流入房地产市场，随着限购限贷等措施席卷全国，我国自2016年开始了新一轮的资金监管举措。2017年底，住建部会同人民银行、银监会等继续要求严控银行和金融风险，切实防范房地产风险，坚持调控目标不动摇不放松。并坚决落实四项措施，其中涉及房地产市场的主要有：要求金融机构严控资金流入房地产市场，控制开发贷款和个人按揭贷款，严控金融机构、证券保险等非银行金融机构资金违规流向房地产市场。这一系列的措施使得过分依赖银行等外来资金的大多数地产企业如履薄冰，融资途径也更加有限。

但是房企本身具有高度的资金密集属性，传统的开发过程从土地储备、土地交易、土地开发及销售，这一系列过程中存在非常大的融资需求。而且长租公寓具有较强的区域特性，盈利模式和盈利能力尚不乐观，只有通过收购和兼并才是快速拓展市场规模，获得规模经济优势的唯一选择，这决定了前期扩张所需的资金投入较大。对于长租公寓的租赁平台而言，股权投资机构很难获得公寓经营收益或者资产所有权的质押，因此融资难度较大。

因此，通过开发商自有资金或者其他资金进行收购或者兼并，对于大多数的房地产企业而言存在着巨大的运营风险。REITs在我国的萌芽和发展，正好迎合了开发企业本轮的资金需求，也符合国家大力发展租赁市场，支持租赁市场金融的重大举措。

1.2 资金回笼缺乏实际可行的退出机制

近年随着互联网＋概念的火爆，互联网、社群经济、共享经济等概念方兴未艾，这也促成了新派公寓、YOU+国际公寓等获得了众多资本大鳄或者互联网公司的大力支持。但是对于投资机构而言，由于长租公寓拿房成本高、集中化程度低等，近年的盈利能力及规模拓展等受限，市场的前景并不乐观。如果不是两年来国家租赁住宅政策红利的出现，大量传统型开发企业寄希望于通过租赁实现转型与新一轮扩张，长租公寓市场可能整体呈现下行状态。无论对前期的投资资本大鳄，还是对近年开发企业而言，长租公寓项目在短期内实现盈利都非易事。

除了等待 REITs 和后续政策的持续利好外，各类型企业短期并不能获取可观的经济收益。同时由于公寓行业刚刚起步，各类型长租公寓的产品、区域环境和服务标准等差异很大，这也导致了长租公寓间整合难度大，并购重组的成本较高，各企业通过 IPO 或者转让股权等实现退出的可能性较小，整个行业的退出机制尚未确立。

依托于国际市场中长租公寓的发展经验，只有快速发展的 REITs 才能为长租公寓的未来提供助力和退出模式，因此对长租公寓的 REITs 研究，将有助于国内长租公寓退出机制的建立，增强资金的退出途径，为长租公寓的规模扩张扫清最主要的障碍。

1.3 轻资产的发展阶段提出运营新要求

随着我国房地产市场的优化调整，房地产企业如何从传统的单一销售形式向租售并举的多元化开发转变，如何实现从重资产经营模式向轻资产模式转型，这是行业迫切需要解决的重要问题。在转型的过程中，已经步入存量时代的中国地产开发企业，利润空间和盈利能力逐渐受到压缩。面对行业的变革，只有将"大鱼吃小鱼，小鱼吃慢鱼"的商业竞争法则发挥到极致，才能在规模化发展的地产整合中求得生机。于是，政策和市场大力需求的长租公寓也就成为房企扩张业务的必然选择。

长租公寓存在着巨大的市场缺口和发展潜力，但与市场"散租"相比，长租需要考虑人工、装修、资金成本的回收期等，其本身前期投资大、运营成本高，而且大多数的租赁人群房租接受力存在一定限制。现有长租品牌大都处于培育期，其本身的市场投入和竞争风险也较大。如果不是长租公寓行业受到政策红利，开发企业因规模拓展的发展需求而纷纷进入，这些问题都将限制长租公寓行业的当前发展。

因此，长租公寓的盈利模式和发展模式仍然处于探索阶段，目前所采用的发展模式——房租托管＋专修＋物业服务的重资产模式，拿房成本高、运营收益低、投资回收期长。不少房企采用轻重资产搭配的方式发展长租公寓，既能通过长租公寓实现房企原有存量资产的盘活，又能通过打造长租公寓品牌的管理输出来实现轻资产模式盈利。

表 6-1 典型房企长租公寓的运营模式

Table 6-1 The typical operation model for long-term rental apartment of real estate development company

开发商	品牌	项目情况	运营模式
万科	泊寓	依托自身自持物业、自持地块、租赁其他物业、股权合作和委托管理	开发企业运营模式基本类似，采取轻资产、重资产并用，其中旭辉提出从包租向托管方向发展，逐步通过自主租赁用地做重资产
龙湖	冠寓		
旭辉	领寓	承接旭辉地产项目 20% 的自持物业及公寓	

从美国 EQR 等长租公寓的发展情况看，其主要通过 REITs 等金融工具助力其扩展规模，通过规模优势降低运营成本，同时分享持有资产本身的价值增值。我国开发商主导的长租公寓项目，虽然具有前期资金和项目获取的优势，貌似可以获得低成本的拓展布局，但是隐形的机会成本，同样需要市场给予合理的投资回报，REITs 是解决该项机会成本的有效举措。

综上，长租公寓市场的盈利模式及发展模式仍然不清晰，在当前政策红利、企业纷纷抢滩的环境下，亟须借鉴国外经验，寄希望通过 REITs 实现前期投入及运营成本的回笼和后期的资本退出，实现长租公寓良好的社会效益和企业效益。

2.REITs 助力长租公寓的未来发展

我国长租公寓的发展虽然面临空前的政策红利，但是国内长租公寓的发展面临着融资模式、退出机制、轻资产转型等多重问题。

通过对国内外市场的分析和总结，REITs 成为解决这些核心问题的最佳答案。随着证监会、银监会等监管机构的政策指引和国际国内各方条件的不断成熟，REITs 的最终落地将助力长租公寓的未来发展。

2.1 REITs 是解决长租公寓窘境的最佳途径

长租公寓现有盈利能力有限，更进一步限制了其通过规模拓展以降低运营成本，从而提升下一步盈利的可能，所以无论是行业内的原有投资机构，还是战略性抢滩的知名开发企业，现在运营的长租公寓大多属于摸索阶段。随着后续竞争的激烈，长租公寓行业内规模化的兼并或者整合是必然之路，REITs 是其实现规模化扩张和合理退出的最佳选择。

陈柳钦（2006）、丁全（2016）、王庆华（2016）、卫露娟（2016）分别撰文论述了 REITs 对完善我国金融架构、增强房企资金流动性、满足多元化投资需求、实现财产隔离等的重要意义，各界纷纷认为 REITs 的爆发式增长是房地产金融走向成熟的必然选择，是机构和个人财富增长的重要增长点，也将有助于房地产金融系统风险的分散和化解。

综合各界的讨论和论述，REITs 对于长租公寓企业而言，是我国地产从单一开发转向开发、存量综合运营，实现租售并举的核心所在，为地产金融提供了创新驱动。从存量资产的角度，实行 REITs 有助于增加资产的流动性，为长租公寓企业提供可持续的前期投入资金和后期运营保障，有助于开发企业在长租公寓项目中实现快速回收资本，提高周转率和优化财务结构，实现企业价值的综合提升。从融资的角度，REITs 不考虑企业原有的负债结构和信用评级，仅考察标的项目的后续运营的租金收入和投资价值，融资成本和难度较低，更符合商业地产的融资需求。同时 REITs 将商业地产的长租公寓进行资产证券化后的打包切割销售，在保证底层基础资产完整性和品质的同时，并未转让物业的所有权，最终还可以享受物业增值的收益。因此，从存量资产运营、融资难易及可能性等角度，REITs 对长租公寓企业而言无疑都具有较大的利好，是目前可选的金融方式中的最佳选择。

2.2 长租公寓 REITs 落地的实施可行性

为了完善我国的金融体系，更好地服务于国民经济，我国多年前已经开始提出要利用 REITs 来丰富和创新传统的房地产融资模式。2007 年成立了 REITs 专题研究小组，2009 年初步形成了 REITs 初步试点的总体架构和试点管理办法。根据张晓璐（2014）所述，2009 年上海浦东新区就已提出几套 REITs 方案，其中分为银监会方案和证监会方案，但由于种种原因，当时的 REITs 方案未能进一步执行。

其后关于 REITs 的方案和推进从未止步，国务院 2013 年 7 月下发了《关于金融支持经济结构调整和转型升级的指导意见》，提出初步推进信贷资产证券化的发展，8 月提出进一步扩大信贷资产证券化试点，同时指出支持优质信贷资产证券化产品在交易所交易。2014 年 5 月，证监会《关于进一步推进证券经营机构创新发展的意见》中指出需研究 REITs 制度体系和模式方案。9 月中国人民银行发布了《中国银行业务监督委员会关于进一步做好住房金融服务工作的通知》，提出将积极开始 REITs 试点动作。11 月银监会也下发了信贷资产证券化执行备案制的文件。2015 年，住建部也开始明确表示积极推进 REITs 试点，鼓励房企进入住宅租赁市场和增加住房租赁房源供应，北京、天津、上海等地的试点陆续展开。

因此从证监会、银监会等监管层面，甚至国务院、住建部等多部门已经明确表态对 REITs 推进的支持，长租公寓市场中采用 REITs 已经获取了政策的指引和倡导。

同时，我国虽然没有推出符合国际标准的 REITs，但近十年的时间里，我国的 REITs 不断演进，经历了离岸 REITs、政策房 REITs、PRE-REITs、公寓类 REITs 四类模式。近年众多传统型地产公司趁势布局，众多企业纷纷抢滩长租公寓市场的局面为其未来发展提供了无限前景和想象空间。特别是随着 2017 年底中国保利 REITs、旭辉 REITs 等的发布，更加速了我国构建国际标准公募 REITs 的发展进程。通过借鉴国外发展 REITs 的成功经验，从中国的实际情况出发，我国长租公寓类的住宅租赁市场需求巨大，其与 REITs 的互相支撑和补足，可以为 REITs 模式率先落地提供市场载体，使得 REITs 在我国的落地具有较强的可行性。

第七章　REITs 发展现状及模式研究

1. 起源与国际现状

1.1 起源与发展

1. 起源

REITs 是房地产投资信托基金的英文简称（REITs，Real Estate Investment Trusts）。它最早起源于 20 世纪 60 年代的美国，之后迅速发展至全球的大多数国家。因各国法律制度和市场环境的不同，对于 REITs 的理解和定义具有一定的差异。但总体看来，REITs 是以集合社会资金（机构或个人）投资于不动产（包含土地及房产外的其他不动产）或者不动产抵押证券而获得相关收入的信托基金或其他类型公司。

它的投资范围目前已经不仅局限于传统的工业、住宅、办公楼和商业等。凡是可以获得租金收益的不动产及相关投资品都是 REITs 的投资对象，如酒店、高尔夫球场、医院、健康中心、铁路、油管、抵押证券等，各种具有不动产或者不动产属性的物业都属于

REITs 的投资范畴。

表 7-1　REITs 资产范畴的变化

Table 7-1　The update of REITs Asset list

数据来源：2017 Nareit

传统的 REITs 资产	后期增加的 REITs 资产
社区购物中心和商场（1960 年） 铁路房地产（1967） 公寓和仓库 / 分配设施（1971 年） CBD 办公楼（1972 年）	赛道（1980 年） 卫生保健设施和郊区办公楼（1985 年） 净租赁物业（1990 年） 工厂商店，高尔夫球场和家庭社区（1993 年） 生命科学大厦（1994） 电影院和监狱（1997） 汽车经销商（1998） 老年住房，电讯塔和林地（1999 年） 加油站（2001） 银行分行（2003 年） 数据中心和办公室租给联邦政府，军事住房和学生住房（2004 年） 管道和单身家庭出租房屋（2012 年） 农田和赌场（2013） 户外广告和商业存储（2014 年） 电传输线（2015 年）

　　REITs 通过公司、信托等形式募集资金并以不动产作为投资对象，在大多数情况下通过收购或者兼并获取成熟的商场、写字楼等房地产物业，之后通过稳定的租赁收益和资产升值收益满足投资者的利润期望。不同于传统的地产投资，REITs 将原本流动性弱的房地产份额化，并使之具有流动性，属于介于股票和债券之间的投资

工具。由于 REITs 投资没有限购限贷和大额资金投入等限制，使得房地产投资不再仅局限于少数投资企业和富有阶层，利于大众投资资金的吸收。同时，为了保障小股东和广大社会投资者的权益，通常情况下 REITs 企业被要求将大部分收益进行分红，同时被要求限制大股东的人数，持股比例不得占有过大的份额。

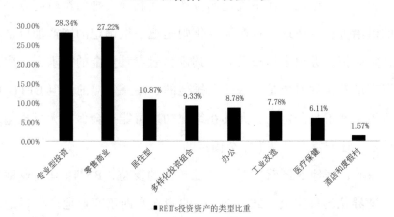

图 7-1　REITs 投资物业类型比例
Fig.7-1　The system of channel marketing
数据来源：MSCI WORLD REITS INDEX （USD）2017.12

REITs 属于资产证券化的一种特殊形式，王冬（2014）指出"房地产资产证券化的实质就是将占用资金量巨大的房地产动产化、细分化，发挥证券市场的功能，利用股票、债券、信托等有价证券，实现房地产资本的投资大众化,使商业经营专业化的同时分散风险。通过房地产证券化的操作为房地产市场提供充足的资金，借助金融市场的力量和运作方式，推动房地产业与金融业的发展。它既是一种金融创新，更是全球金融民主化发展的重要组成部分[85]"。

但是 REITs 与资产证券化又有着一定的区别，如张威（2007）认为"REITs 是一种金融工具，房地产资产证券化则是一种手段和一系列制度安排。REITs 可以是房地产资产证券化的一种结果和实现形式，但是其本身并不是一种制度安排，仅仅是制度安排的结果。REITs 是一种集合投资的工具，通过向投资者发行证券募集资金，然后投资于一组确定或不确定的资产，其制度安排的逻辑起点是资金的供给方；而房地产资产证券化则是把一组确定的资产加以证券化，然后把证券出售给投资者，其逻辑起点是资金的需求方。房地产资产证券化的对象是唯一的、排他的、一一对应的；但 REITs 的投资组合并不是固定的，尤其在组建初期可能还会保有大量现金，即使是房地产资产也是不完全固定的[67]"。

综上，房地产经营需要资产证券化的支持，REITs 是商业地产资产证券化的最主流形式。REITs 的确立有助于商业地产项目的长期资金需求，保障了物业管理和运营的完整性，有助于吸引大众投资者的参与，形成非常有效的资金流动和资产价值提升。

2. 发展现状

REITs 的概念最早源于 19 世纪 80 年代的美国，之后 1960 年美国国会《税收改革法案》的确立，标志着现代 REITs 的开端。20 世纪 80 ～ 90 年代，美国国会又通过多个法案放宽了对 REITs 的相关要求，REITs 的发展步入了快车道。随后，REITs 从美国开始，在美洲、欧洲、亚洲等得到了极大的发展。

表 7-2　REITs 在全球的发展

Table7-2　The development of REITs in global

资料来源：招商证券等互联网资料整理

国家和地区	确立时间	国家和地区	确立时间
美国	1960	法国	2003
荷兰	1969	中国香港	2003
新西兰	1969	中国台湾	2003
澳大利亚	1971	泰国	2003
马来西亚	上世纪 80 年代后期	墨西哥	2004
加拿大	1994	保加利亚	2005
比利时	1995	迪拜	2006
土耳其	1998	以色列	2006
日本	2000	意大利	2007
韩国	2001	英国	2007
新加坡	2002		
另外，德国、卢森堡、芬兰、匈牙利、南非、爱尔兰、印度、巴基斯坦等于近年立法确认 REITs			

　　欧洲 REITs 的发展始于荷兰，它于 1969 年成为欧洲最早采纳 REITs 的国家，它的 REITs 称为 FSI。FSI 在外资投资比例和房地产业务的投资范围等存在诸多的限制，比如吸纳外资持股比例不得超过 25%，不得从事房地产开发业务，必须把盈利的全部或者大部分作为股利派发，股息需缴纳 25% 的预扣税，个人持股者或者单一机构投资者持股不得超过 25% 等。尽管限制较多，但荷兰 REITs 还是

101

成功吸引了大量中小投资者和机构投资者，取得了成功。

除了荷兰之外，其他欧洲国家的 REITs 起步都较晚。法国开始于 2003 年，英国开始于 2007 年。德国与英国同期稍晚也通过了 REITs 的立法。作为欧洲最大经济体之一的英国，有着欧洲最大的房地产市场，REITs 启动后即迅速发展为世界前列的 REITs 市场。

亚洲最早确立 REITs 的国家是马来西亚，之后是日本、韩国、新加坡、中国香港、中国台湾、泰国等国家和地区。日本 REITs 称之为"J-REIT"，一般是公司型，在创建 REITs 的过程中第一步是成立一家资产管理公司，之后需取得两个许可证——建筑和建筑交易代理许可证和自由交易代理许可证；第二步是获得金融服务机构对"资产管理公司"的资格审批。经过这些手续后 J-REITs 就可以正式成立了。中国香港的 REITs 稍有不同，只有信托型一种 REITs，信托必须遵守证券法，并申请在香港证券交易所上市。香港 REITs 一旦形成，法律对其运营和管理也有严格的限制。为保障持有人利益，REITs 被要求必须任命一个职能独立于 REITs 的受托人，必须聘请一个独立的管理公司作为管理人，必须雇用一个独立的财产评估机构对其进行年度估值。

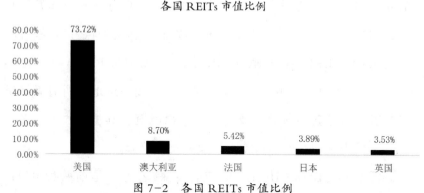

图 7-2　各国 REITs 市值比例

Fig.7-2　The country weight of REITs

数据来源：MSCI WORLD REITS INDEX（USD）2017.12

　　各个国家和地区引入 REITs 的背景和环境不同，因此在引入 REITs 的目的上存在一定的差异。美国和澳大利亚发起 REITs 的主要目的是为了降低房地产投资的资金门槛，吸引更多的投资者以刺激房地产市场的发展，特别引入了中小型机构和个人投资者等。日本和韩国引入 REITs 的主要目的是促进房地产企业间的兼并和重组，以此来刺激房地产市场的发展。英国和中国香港则将发展 REITs 市场作为促进经济发展的组成部分，特别是为了促进和保持其国际金融中心地位。

　　3. 发展类型

　　1）REITs 一般按其投资方式分为权益型 REITs、抵押型 REITs 和混合型 REITs

　　①权益型 REITs（Equity REITs）：美国早期的 REITs 主要采用的是权益型 REITs，至今已成为全球 REITs 的主流形式。该类型 REITs 将募集资金以兼并或收购的形式获取标的物业，避免了传统

购置房产投资所需支付的过户及税费成本，因此除了通过运营管理收益，也将获得资产升值所带来的投资收益等，因此风险和收益较高。

②抵押型 REITs（Mortgage REITs）：该类型 REITs 本质上类似于债券，属于债权的投资形式，即通过直接向房地产所有者提供抵押贷款或者通过抵押贷款支持证券提供融资，其主要收入来源于利息，容易受到利率变动影响，风险和收益较低。

③混合型 REITs（Hybrid REITs）：顾名思义是前两种 REITs 的混合，既通过资金进行股权的收购，也通过债权的形式向物业所有者提供资金支持。在收取租赁收益、物业增值收益等的同时，增加利息收入。随着美国地产的快速发展和成熟，为了尽可能提高综合收益，混合型 REITs 逐渐成为当今美国市场最主要的 REITs 形式。

2）按结构主体分为契约（信托）型和公司型

契约（信托）型 REITs 本质是一种委托投资行为，它本身不具有独立的法人主体，投资人、管理人、受托人三方以契约形式进行所属权益与责任的约定。由于投资人不能直接进行不动产的收购与管理，它以信托法为依据，通过受益凭证进行资金筹集，之后委托资产管理公司作为管理人来进行 REITs 的发起、运营和管理，受托人（信托或证券公司等）负责监管 REITs 的合规性和监管 REITs，托管银行负责资产保管和现金管理等具体的相关业务。因此，对基金资本而言，投资人拥有资本收益权，基金管理人具有管理及所有权，受托人具有监督管理权。

公司型 REITs 是依法成立的独立法人主体，需制定公司章程，并由股东大会选举董事会来监督和管理 REITs。REITs 作为独立的经济实体，通过发行 REITs 项目筹集资金，直接用于资产的投资收购和运营管理。REITs 的资产为股东所有，依法获得股息，达到一定的持有约定条件后，股东可通过股权转让获取资本流动，实现资本退出。

自 20 世纪末，美国公司型 REITs 先后发展出 UPREIT（伞型合伙 REITs）和 DOWNREIT（下属合伙型 REITs）。它们的出现进一步促进了房地产与金融的行业融合，促进了美国房地产行业的蓬勃发展，开创了美国 REITs 的新时代，引领世界房地产金融的新方向。

① UPREIT 意指"伞状合伙 REIT"（Umbrella Partnership REIT）：首先由多家企业或者资产持有人通过资产或现金出资联合成立经营性有限合伙企业（Operating Partnership，OP），同时公开募集设立 REITs。各家企业按资产出资比例成为 OP 的有限合伙人（Limitied Partnership，LP），REITs 以募集的资金所占股权出任普通合伙人（General Partner，GP）。这家新成立的有限合伙企业负责投资和管理新购置资产，其中有限合伙人在一定条件下（如持有 OP 单位 1 年），允许其将股权凭证（OP Units）转让给有限合伙股东或者 REITs，获得 REITs 股份或者收益来实现资金流动。该类型 REITs 的组织结构如图 7-3 所示：

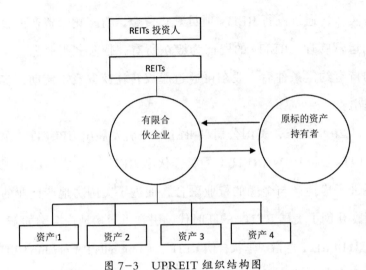

图 7-3   UPREIT 组织结构图

Fig.7-3   The organizational structure of UPREIT

② DOWNREIT 意指下属合伙结构：它是由 UPREIT 演变而来的一种 REITs，该类结构的 REITs 打破 UPREIT 由一家经营合伙企业独自持有多个物业资产的形态，而由该 REITs 分别与不同的物业持有人成立不同的有限合伙制企业（OP），REITs 仍然通过现金换取各企业股权凭证（OP Units），分别成为各企业的普通合伙人，不同的物业持有人凭借资产换取相应企业的股权凭证，成为该企业的有限合伙人。其他权益等约定与 UPREIT 基本相同。

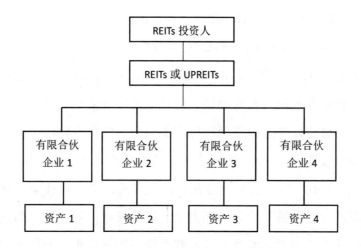

图 7-4 DOWNREIT 组织结构图

Fig.7-4 The organizational structure of DOWNREIT

3）按投资人能否赎回，REITs 可以分为封闭型和开放型

封闭型 REITs：该种基金在发起人设立时，限定了基金单位的发行总额，在总额达到一定条件后即停止追加投资等，实行封闭式管理。该类型基金由于设定了经营期限（通常 3 年以上），且基金规模固定，便于投资期限较长的房地产投资项目。但由于该类型基金具有对规模和赎回投资的限制，因此即使基金表现不好也不能随时赎回，对基金管理人的激励约束相对不足。

开放型 REITs：该种基金又被称为追加型基金，与封闭型基金相反，其发行规模具有灵活性，投资人可以按照一定的条件要求赎回或者追加投资。虽然该类型基金具有更高的流动性，对基金管理人形成了一定的激励约束，但是由于基金资产规模的易变性，提高了基金管理和投资的操作难度，且需保留部分现金用于应对可能的赎回，因此对投资效益有一定的不利影响。

4）按资金筹集来源分为私募型和公募型

私募型 REITs：它采用集合投资的方式，通过契约、公司股权等非公开的方式向资金规模较大的特定投资者募集资金。它委托专门的投资机构管理进行不动产资产的分散投资，投资者按投资比例分摊风险与收益。一般不允许公开宣传，也不允许上市交易。

公募型 REITs：它采用公开发行的方式，通过向社会公众吸引投资来进行资金募集。为保证大众投资者权益，其发行受到法律限制和监管通常较多，需要经过监管机构的严格审批。但该类型基金可通过媒体公开发行信息，一般对投资者的人数和最低投资金额没有限定。它是美国 REITs 发行的主要方式，通过该模式实现了房地产投资由少数投资者向大众投资型投资的转变和过渡，是衡量是否属于国际标准 REITs 的主要标准之一。

1.2 国际模式

纵观各国的 REITs 发展模式，各国自身经济、市场、政策考量等存在差异，所以各国 REITs 的设立条件、结构和分红要求等各有特点。但总体上，如张威（2007）所说："REITs 的发展模式一般分为美国模式（税收优惠驱动模式）和亚洲模式（专项立法模式），前者在税法中规定了 REITs 的基本条件，税收优惠是 REITs 发展的主要驱动力，在发展过程中根据出现的新问题和新需要不断修订和完善现有法律，REITs 的结构和策略不断创新。而后者是借鉴美国模式的经验，采用专项立法的模式，通过修改投资、信托、基金等有关法律，对 REITs 的设立、结构、投资资产、收入、分配等方面予以明确的规定。[67]"

（1）美国模式

1960 年 9 月，艾森豪威尔总统签署了美国 REITs 的初步立法法案，这一创新的投资方式为房地产投资创造了一个新的途径——房地产和股票投资的最佳属性相结合的方式。以前通常只有金融中介结构和富有的个人才能获得的投资收益，从此所有投资者（特别是中小投资者）也可以进行房地产基金的投资，房地产信托基金第一次为所有投资者带来了房地产投资的好处，有利于吸收社会闲散资金促进房地产行业发展，也有利于大众投资者获得房地产投资的收益。

法案中规定 REITs 是一个界定的法律主体，它需要满足以下要求：1）为保障 REIRs 可以有效吸引中小投资者等大众资本，法律要求其作为一个类公司的房地产投资组织，必须设立受托人来负责房地产投资和管理，一般情况下，该受托人通常为业内声誉良好的房地产投资专家或者金融专家；2）以公司法人形式征收赋税；3）REITs 是作为获取房地产投资收益的组织而存在，不能是金融机构和保险公司。同时该法案针对 REITs 的股权结构也有着具体的限定：为保证 REITs 的流动性，规定 REITs 所有权由可转让的股票或者股权凭证来体现，利于大众投资者购买和转让退出；股东或受益人不得少于 100 人，保证 REITs 为大众型投资工具；在一个纳税年的下半年，持股比例最大的前五个人的持有股份不得超过总比例的一半，避免 REITs 所有权集中在少数富人手中。

随着美国 REITs 发展的日渐成熟，1992 年美国首次公开发行了伞型合伙 REITs，之后在它的基础上衍生出下属合伙型 REITs。两种 REITs 不直接拥有房地产，却可以通过有限合作公司中普通合伙人的角色实际享有房产的控制权，投资人也可通过转让股东凭证避免资本退出时缴纳巨额资产的收益税，因此该两类 REITs 得到了广泛采用。特别是在 1993 年，美国通过法案允许养老金投资 REITs。养老基金代表了广大工薪阶层的利益，它对 REITs 的投资使大量私有的房地产产权通过资产证券化的形式为大众投资者所持有，大大促进了房地产行业的发展和社会的进步，促进了房地产与金融行业的融合，也促进了美国的经济繁荣。

鉴于 REITs 发展对经济和社会发展的巨大作用，美国 1997 年和 1999 年分别通过《REIT 精简法》（REIT SimplificationAct，REITSA）和《REIT 现代化法》（REIT Modernization Act，RMA），两个法案进一步给与 REITs 更多的税收优惠和运作的灵活性。

张晓璐（2014）对美国 REITs 的四个阶段进行了总结："1）设立阶段：创建基金、上市；2）筹资阶段：发行受益凭证、募资；3）经营阶段：聘请专业管理团队，选择收益稳定的多样化投资组合，投资于房地产项目，取得资本增值、利息及租金等投资回报；4）分配阶段：分配红利（将超过 90% 的税前投资收益分发给投资者）。[84]"初期的设立和经营阶段，具体有如下步骤：

1）制定合伙协议，指明房地产投资信托基金中每个合伙人的百分比、出资额和责任。在其第一年的运作后，作为一家以资产管理公司开始的公司，需要至少 100 名投资者以符合房地产投资信托基金的资格，而合伙协议将帮助REITs避免将来可能发生的分歧和潜在的成本损失。

2）资产管理公司需符合REITs运作所在州的政府部门要求。一般情况下，REITs须按照公司交税，所以大多数将要发起REITs的管理公司都是从有限责任公司开始的。REITs还必须由董事会或受托人管理，将其总资产的至少75%投资于房地产，并且其总收入的至少95%需来自这些投资。

3）起草招股说明书。招股说明书（有时称为私募发行备忘录，PPM）包括有关公司主要负责人、投资策略及计划投资的资产。它为潜在投资者提供他们需要的重要信息，以决定是否投资。

4）向潜在投资者提供招股说明书。如果你还没有良好的投资业绩，大多数人直到与你和你的合伙人见面后，并且对投资你很放心，才会把钱投入到你的公司。无论如何，招股说明书是吸引投资者进入REITs过程中重要的第一步。

5）当已经获得100位投资者的承诺，尽快修改公司注册证书。一旦向政府主管部门提交了修改后的证书，公司将被确认为REITs，从而避免缴纳企业所得税。

6）填报国家税务局（IRS）的1120号文件表格。如果公司继续支付至少90%的REITs收入作为投资者每年的股息，并遵循其他规则，公司将可以保留REITs的资格和税收优惠。

之后的经营和分配阶段，拥有或资助房地产时REITs必须符合一些具体要求来规范股利分配和公司资产组成等。

1）组织要求：美国房地产投资信托基金必须成立联邦政府的应

税公司。必须由董事或受托人管理，其股份必须可转让。从第二个纳税年度开始，房地产投资信托基金必须经过两次所有权测试：它必须至少有100个股东（100个股东测试），五个或更少的个人在纳税年度的下半年不能拥有房地产投资信托股票价值的50%（5/50测试）。为了确保这些符合测试，大多数房地产投资信托在其组织文件中包含了百分比所有权限制。

2）操作要求：房地产投资信托必须满足两个年度收入测试和一些季度资产测试，以确保房地产投资信托的大部分收入和资产来自房地产。规定其年度总收入至少有75%必须来自房地产相关收入，例如不动产租金和抵押不动产的利息。其他的20%必须来自以上所列的来源或其他形式的收入，如股息和非房地产来源的利息（如银行存款利息）。不得超过5%的房地产投资信托收入来自非符合要求的来源，如服务费或非房地产业务。

3）分配要求：为了符合REITs资格，房地产投资信托基金必须分配至少90%的应纳税所得额。如果房地产投资信托基金保留收入，就必须像其他公司一样对这种收入纳税。

4）合规性要求：为了符合房地产投资信托的条件，公司必须通过1120-REIT表格申报所得税。

截至目前，美国REITs仍然为全球发展最为成熟、整体市场规模最大的市场。它在形式上兼有契约型和公司型，但是公司型为最主要的组织类型。而在REITs的发行方式上以公募型为主，盈利模式上以权益型为主，可以直接对物业进行收购，操作手续便捷，同时还能获得租金收入，风险相对较低。而且通过收购物业股权的形式可以有效避免房地产过户问题，降低税费成本，防止重复征税。

（2）亚洲模式

新加坡、日本等亚洲国家或地区的 REITs 成立社会背景有所不同，但大多采用立法形式以推动 REITs 的发展，灵活性相对不足。日本 2000 年修改《投资信托法》，准许信托资金等涉足房地产，2001 年东京产权交易所建立了 REITs 交易系统。虽然日本允许契约型和公司型两种 REITs 存在，但截至目前日本大多数的 REITs 都为公司制 REITs。新加坡 2001 年通过《证券与期货法》，对 REITs 上市交易做了专门规定，2002 年正式开始发行。新加坡 REITs 与日本相同，也允许通过契约（信托）型和公司型发行 REITs。2003 年中国香港证监会颁布了《房地产投资信托基金》，对 REITs 的设立条件、组织机构与利益分配等相关事项进行了明确而详细的规定。与其他地区不同的是，只允许契约型 REITs 一种形式，且明确提出没有任何税收优惠。在 REITs 的投资上其他国家和地区允许 REITs 投资一定比例的非地产项目，而中国香港严格要求必须全部投资于房地产，且要求房地产投资收益的 90% 必须进行分配。中国香港 REITs 对美国模式的借鉴相对较少，因此可作为亚洲立法驱动模式中的代表。

香港 REITs 由于发行主体的不同，可以分为三个类型：香港房委会发起的领展 REITs；香港地产公司发起的 REITs，如鹰君集团成立的冠君 REITs；大陆公司在香港发起的 REITs，如越秀 REITs。其中香港的领展 REITs（Link Real Estate Investment Trust）是亚洲最大的 REITs 之一，是世界最大的零售物业 REITs 之一。由于其良好的发展态势，在整个亚洲金融市场处于标杆地位，已受到世界投资界的认可，成为首只晋身香港蓝筹股的 REITs，跻身于摩根、富时等世界著名指数。

  领展 REITs 始于 2005 年，当时香港房委会为解决香港公屋的财政难题，将旗下商业物业打包成立领展 REITs，领展间接将商业地产出售给投资机构和私人投资者。根据香港 REITs 守则，领展 REITs 必须按信托形式持有商业地产，且物业所有权和管理权彻底分开，如图 7-5 所示。它的管理人、受托人必须相对独立，应以维护基金投资者的长远利益为主要目的，其中管理人需具有管理运营的专业人才、技术和财政资源来执行正确的投资管理，其中受托人需要监管 REITs 的合规性和监管 REITs 管理人的投资决策。当基金投资者中的 75%（管理公司实际控制的股权单位外）联合向受托人要求更换管理人，则管理人须被替换。领展 REITs 的受托人是汇丰信托（亚洲）管理公司（简称"汇丰信托"），管理人是领展资产管理有限公司（简称"领展管理"）。领展的投资人将通过 REITs 间接持有领展旗下地产，由汇丰信托提供托管，由领展管理负责投资运营。

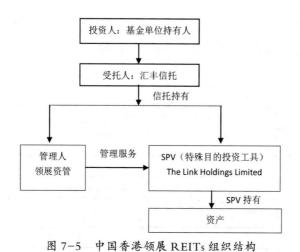

图 7-5　中国香港领展 REITs 组织结构

Fig.7-5　The organazition structure of Link REITs in HongKong

资料来源：中国香港领展 REITs 官网

　　近年，领展 REITs 开始拓宽原有业务类型，从资产管理、资产提升和资产收购类业务，拓展至资产出售、物业发展和物业重建。同时，该 REITs 决定打破香港区域狭窄的发展瓶颈，开始进军大陆市场，以提供持续发展的投资决策，2015 年斥资约百亿元成功收购北京的欧美汇中心、上海的"企业天地"商业物业。在领展收购过程中，根据香港 REITs 守则和大陆对外资企业持有不动产资产的有关规定，它们收购大陆商业物业后，必须通过新增的特别目的机构（Special Purpose Vehicle，SPV）持有，如图 7-6 所示。该机构指中国大陆内企业为在境外融资而成立的大陆外企业，注册地一般为中国香港、英属维尔京群岛等。除此之外，2014 年香港 REITs 准则开始允许 REITs 进行金融投资和房地产开发，如上市证券、非上市债券、国债等，但仍然坚持此两类投资及 REITs 的其他非房地产资产投资总和不得超过 REITs 总资产的 25%。2015 年领展与南丰发展斥资拿下新九龙某商业地块，开始了自建物业开发的第一步。

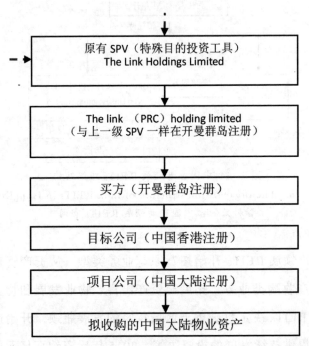

图 7-6　中国香港领展 REITs 持有大陆物业的新增架构示意
Fig.7-6　The additional structure of Link REITs acquisition to the mainland property

　　亚洲模式有着几个显著的特点：首先亚洲各国家和地区均借鉴了美国的 REITs 结构，以信托或者地产公司为投资实体，由专业的管理公司负责投资管理; 其次,各国家和地区都通过专向立法的形式，规定了 REITs 各参与主体的责任和义务，由政府立法推动 REITs 市场的建立；再次，由于立法是推动 REITs 形成的主要力量，REITs 在市场中的发展受到法律的严格限定，而未产生 REITs 模式的结构变化。但是亚洲模式与美国模式虽然有一定的差异，但是框架大体相同：股权和收入主要来源于投资不动产资产，REITs 在所在国家或地区公开上市交易，以保证大众投资者对于房产投资及资金退出的流动性要求。两种模式都通过严格的立法，限定了委托人与管理人的责任，都实现了委托与代理人管理的有效区隔，都促进 REITs 对当地经济和房地产发展的贡献。

综上，我国 REITs 发展可在结合我国国情的基础上，参考借鉴亚洲立法模式，通过专门的立法推动 REITs 的设立。立法初期可参考中国香港模式，通过加强监督务求严谨，之后 REITs 的发展过程中，再进行逐步放开和调整。同时，《中华人民共和国信托法》和《信托公司集合资金信托计划管理办法》等已具备了契约（信托）型 REITs 的基本条件，因此国内适宜通过立法形式首先进行契约（信托）型的 REITs 建立。在收益模式上，可参考美国等国家模式，允许多种收益模式并存；在资金募集方式上，可以尝试从私募型、类公募型逐步发展到公募、私募并存的募集资金方式。

2. 中国落地的日渐成熟

2.1 理论研究

国内专家学者对 REITs 进行了大量的研究，促进了 REITs 在我国的落地与发展。其中关于 REITs 发展模式取得了一定的成果。

陈柳钦（2006）认为我国可以借鉴美国的发展经验和模式，建立权益型有限期、自我偿付式的封闭型 REITs，期限建议 10 ~ 15 年。同时他提出资金募集应该以公募为主，而资金来源很重要的一部分是机构投资者，如保险基金、养老基金等。

王一丹（2011）认为："迄今为止，国内关于产业投资基金的相关管理办法还没有出台，而规范信托型基金的法律和法规体系则已经相对完备，信托财产独立性和"破产隔离"、信托受益权的"优先性"和"超越性"等，已经充分显示出投资人利益保护和投资人利益最大化机制的优势，符合基金投资风险最小、收益最大化的宗旨。因此，信托型基金是城市设立REITs应当首选的形式。[77]"

王浩（2013）提出我国REITs发展动因与美国的投资驱动不同，我国更多的是融资驱动，比较契合日本的资产信托基金模式，因此他建议大力发展权益类REITs。

张晓璐（2014）撰文指出："2009年，上海浦东新区曾提出过两类三套方案，即两套银监会方案（又称为央行版方案）和一套证监会方案。银监会方案：银监会方案中的REITs属于抵押型REITs，通过出让物业受益权获得长期抵押贷款，在银行间市场交易融资。该方案实际上就是机构投资者以抵押品为租金受益权，为企业提供的一种长期抵押贷款。证监会方案：证监会方案中的REITs采取了权益型的形式，持有所投房地产项目的产权。该方案发行的REITs由券商来具体操作，并最终计划将在二级市场流通、上市交易。但是，该方案目前缺乏相关法律、政策支撑，所以该方案中的REITs目前尚无法落实，但是其形式类似于国际市场上的REITs，所以未来发展空间很大，也将成为中国REITs的首要选择。[84]"

邱冬冬（2014）总结了我国资产证券化的几个阶段，虽然没有针对REITs的论述和研究，但对房地产企业为主体的资产证券化提出了交易结构、路径、运作流程等宝贵意见，对 REITs 的发展有一定的借鉴意义。

方莉萍（2015）认为我国 REITs 当前可行的筹集资金方式为公募型，首选的基金组织形式是契约型，实施封闭的交易方式符合国情。

王林秀（2015）对房企发起的 REITs 模式进行了分析，提出引入专业管理人员投资管理是契约型地产基金一大特色，房地产企业发起或合租联盟型的 REITs 将是一种趋势，这一变化可以为企业实现资本退出和获取投资收益。

任宇（2015）认为"对房地产投资信托基金的研究来看，一个明显的发展趋势是由最先对 REITs 风险的定性描述向定量研究转变，最新的研究趋势是对 REITs 风险的各个方面的理论与实证研究相结合[89]"。他同时提出我国由于法制建设相对发达国家不健全，金融市场处于行政垄断阶段，经济处于高速的发展阶段，所以中国 REITs 具有自身特色。

龙天炜（2017）认为"目前我国处于 REITs 发展的探索阶段，先行发展契约型 REITs 的条件相对成熟。契约型 REITs 内部治理结构中涉及多重委托代理关系，如何解决好其中的委托代理问题是 REITs 内部治理结构的重中之重[112]"。

王舒雅（2017）认为 REITs 是一种代表全世界房地产领域最先进生产力的资产证券化方式，一般情况下更适用于投资商业性地产。从对英国 REITs 的发展历程来看，REITs 首先在商业地产领域转换，之后到住宅地产，这与王舒雅的判断相吻合。王舒雅对 REITs 的运作方式进行了概括，她认为一种是特定公司公开募集投资者的资金，集中投资于写字楼商场等商业性地产，以租金收入等作为分红基础；另一种是开发企业将其旗下的经营性资产整合发起 REITs，以其经营性的租金、利息等作为标的，出售 REITs 并定期分红，这种方式和债券相类似。

综合来看，国内对有关房地产投资信托基金的模式研究，在近年取得了一定的成绩。各方一致认为 REITs 在我国的确立，将有助于激发我国房地产的新发展。从各国发展模式的分析出发，我国应该借鉴美国的发展经验，但更应采用亚洲立法的模式，确立我国证监会方案中的权益性 REITs。从筹集资金方式上，大多数人认为应该以公募形式为主，吸引保险基金、养老基金及其他社会闲散资金等。同时，各方指出我国政策法律等对 REITs 发展的支撑力度尚弱，因此首选契约（信托）型的基金形式，实施封闭型是相对可取的。部分学者认为房地产企业发起的 REITs 或者联盟成立的 REITs 将是我国 REITs 的明显趋势，但是由于我国房地产业、金融业发展时间相对较短，资本市场仍不成熟，因此在原有研究中缺乏系统性的案例分析和提炼，所以实证分析相对不深入。如何深入了解我国房地产及金融市场，结合我国的社会主义制度及实际国情，走一条适合我国的中国特色社会主义 REITs 之路是我们亟须深入推进的一项重要任务。

2.2 国内模式

我国虽然尚未推出符合国际标准的 REITs，但是近十年国内监管机构、企业及学者始终在推进 REITs 的理论研究和实践应用。在我国 REITs 的发展演变中，除中国香港及台湾地区外，先后有离岸 REITs、政策房 REITs、PRE-REITs、公寓 REITs 四类模式。随着 2017 年末中国保利、旭辉地产等长租公寓类 REITs 的发布，国际标准的公募型 REITs 在我国的发展将得到进一步提速。

（1）离岸 REITs 模式

黄秀琴（2008）对离岸 REITs 的定义："所谓离岸 REITs 指的是全部或绝大部分资产和收益来自于中国境内，并在境外资本市场上市的 REITs。[71]"越秀地产在 2005 年于香港正式发布了我国第一只离岸 REITs——香港"越秀基金"，次年嘉德置地旗下凯德中国 REITs（CapitaRetailChina Trust，简称"CRCT"）也于新加坡交易所正式发布。

1）越秀 REITs

2005 年 12 月，越秀 REITs 正式挂牌登陆香港证券交易所。它是越秀投资分拆旗下商业物业，在香港独立上市的首支以内地物业为注入资产的 REITs。该 REITs 负责的物业主要包括越秀投资于 2011 年在广州收购的四处物业：白马大厦、财富广场、城建大厦、维多利广场。之前的收购使得"越秀投资"负债率急剧上升，财务压力加大，但发行 REITs 后"越秀投资"资金快速回笼且拥有 30% 的股份，使其处于相对控股地位，可以继续分得"越秀 REITs"的日后收益。

作为中国公司在境外首发的离岸 REITs，它设立时采用典型的离岸方案，即由其在境外注册的离岸公司直接拥有资产所有权，与后来领展进入内地的特别目的机构（Special Purpose Vehicle,

SPV）持有类似。它的结构示意图如下：

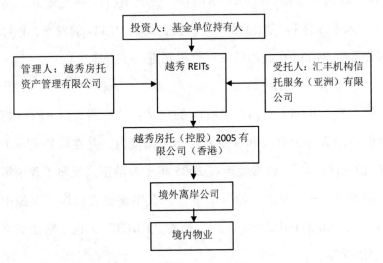

图 7-7　越秀离岸 REITs 组织结构

Fig.7-7　The organazition structure of Yue Xiu REITs in HongKong

数据参考：陈慧颖，"凯德置地'新 REITs 模式'"，载《财经》2006 年（26）

王建军（2013）认为"越秀地产和越秀 REITs 独特的互动模式，使两者互惠互赢，成为新型发展模式的领先者"。他通过对越秀地产两次融资前后的偿债能力、资本资产结构状况及现金流情况进行分析，认为该 REITs"极大改善了公司财务状况[79]"。他认为 REITs 的独立上市为越秀提供了分散风险和资产流动变现的渠道，有助于越秀地产降低企业负债率，缓解越秀地产的资金压力，有助于提升和体现越秀地产资产的市场价值。他同时认为 REITs 发行后股价的显著上升也验证了这一事实。

2）凯德 REITs

2006 年 12 月，凯德中国 REITs（CapitaRetail China Trust，CRCT）在新加坡证券交易所上市，凯德商用中国信托作为首支以中国资产投资为主（含中国香港和澳门），且在新加坡证券交易所上市交易的 REITs，它的主要宗旨是投资于中国零售商业为主的资产组合。首次上市的主要资产为北京望京嘉茂购物中心、安贞华联商厦、上海七宝嘉茂购物广场等零售类物业。

与越秀 REITs 不同的是，由于 2006 年国家对外商投资境内房地产实施了更为严格的限制，发布的《关于规范房地产市场外资准入和管理的意见》（简称"171 号文"）将离岸公司直接持有境内资产的操作路径封死。因此凯德采取两级结构方案，即境外设立的离岸公司不直接持有境内资产，而是在境内新成立一家独自的项目公司，再通过该公司持有境内资产所有权。下图为凯德 REITs 的结构设计。

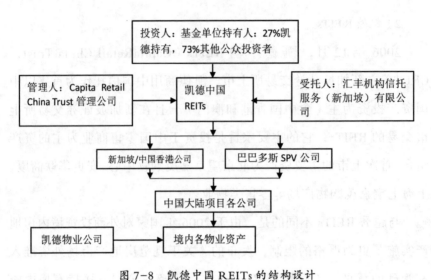

图 7-8　凯德中国 REITs 的结构设计

Fig.7-8　The organization structure of capital retail China trust

资料来源：凯德中国 REITs 网站

　　如上图，凯德中国 REITs（本文专指 CRCT，下文同）由凯德商用中国基金管理公司作为管理人，通过巴巴多斯的离岸公司和中国境内的项目公司来间接持有大陆资产，由凯德物业管理负责大陆资产的运营管理。最终，凯德集团形成了独特的 REITs 发展体系，前期利用该集团旗下的私募基金负责商业项目的前期开发、收购和孵化，然后交由凯德 REITs 来实现退市套现，交由凯德物业作为资产的运营管理方，完美实现了持有型物业向"出售型"物业和轻资产运营开发的转变。但是相对越秀的离岸模式，凯德 REITs 大陆内注册公司也引发了人员及运营成本，其境内公司的净利润也需缴纳 33% 的企业所得税（越秀只缴纳 10% 预提所得税），并须在每年年终审计及缴税后才可将租金收入以分红形式汇款至境外。

（2）政策房 REITs 模式

随着我国 REITs 试点工作在北京、天津、上海等地的展开，公租房、保障房等亟须社会资金支持的项目，也进行了许多尝试。但是由于公租房的政策保障性质，该类型房产的持有经营存在租金收入较低的问题，如何保障 REITs 运营的合理收益是迫切需要解决的问题之一。

1）天津房地产集团廉租房 REITs

2012 年天津房地产集团作为天津 REITs 的第一批试点单位，其申请的保障房 REITs 获得了批准。天津保障性住房房地产投资信托方案由天津市房地产开发经营集团有限公司（以下简称天房集团）主导设计，以保障房资产支持票据的方式顺利发行，如图 7-9 所示。由于保障房具有的公益性和社会福利性，租金定价难以满足投资者（银行、保险资金等）的投资收益，这使得最终审批的方案与 2010 年的原 REITs 方案差别较大，最终天房集团募集资金以委托贷款的方式借款给具体承担保障房建设的天津房地产信托集团，双方签订的"总租合同"中约定每年以租金形式偿还投资人本息。

2）国投瑞银上海虹口区公租房 REITs

2013 年国投瑞银基金等创立了国投瑞银上海虹口区公租房 REITs，该 REITs 为我国可供记载的首支公租房 REITs。它为权益型、封闭型、私募式 REITs，采取了有限合伙制。由于仅向太平资管募集资金，并不面向普通个人投资者，所以属于私募型 REITs。它的资金使用目的主要用于上海虹口区已开发的公租房，拥有其产权，既实现了在资本市场上盘活固定资产，又使得所涉及的物业仍能保持其公租用途及权益。同时，该公租房 REITs 由于持有公租房的产权，能够获得稳定的租金收入，这也十分符合 REITs 收益稳定的特点。

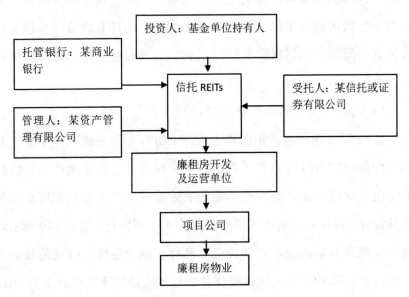

图 7-9　廉租房 REITs 结构示意

Fig.7-9　The organization structure of Public Rental Housing REIT

（3）PRE-REITs 模式

先后经过离岸 REITs、政策房 REITs 的探索后，我国 REITs 发展到了一个新的阶段，中信系 REITs 和前海万科 REITs 的出现推动了境内 REITs 的进一步发展，该两类项目统称为 PRE-REITs 模式。

1）中信系 REITs

2014 年，中信证券在深交所正式挂牌的"中信启航专项资管计划"是国内首支准 REITs，该计划发售的基础资产为拥有北京、上海两地中信证券大厦的子公司全部股权，是国内首单投资优质不动产资产的专项资产管理计划。也被称为首支次级档份额可在深交所综合协议交易平台交易的 REITs，因此投资者可以灵活掌握进入和退出时机，产品流动性大大增强。

表 7-3　中信启航专项资产管理计划说明
Table7-3　The introduction of Qi Hang special asset management plan of CITIC
资料来源：根据中信启航专项资产管理计划资金募集说明书中资料制作

产品说明		
资金规模	52.1 亿元，其中划分为优先级和次级，优先级存续期间获得基础收益，退出时获得浮动收益部分增值的 10%；其中次级部分存续期获得优先级收益后的剩余收益，退出时获得浮动收益部分增值的 90%	
分级	优先级	次级
评级	AAA	无
期限	预期 3 年，不超过 5 年，产品有权提前结束	预期 4 年，不超过 5 年，产品有权提前结束
预期基础收益率	7%/ 年	日常收入减去 7% 后的剩余收益
预期整体收益率	约 7%~9%	约 12%~42%
基础收益分配	每年度最后一个工作日分配年度的基础收益	
发售对象	机构投资者，优先级为低风险的投资人，500 万元起购；针对中高风险偏好的投资者次级部分，3000 万元起购，共募集资金 15.6 亿元人民币	

中信启航计划由中信证券作为计划管理人，由中信基石基金作为基金管理人。它们的交易机构，如图 7-10 所示：首先认购人与计

划管理人签订认购协议，约定资金以专项管理方式委托计划管理人管理。计划管理人设立管理专项计划，认购人通过出资获得受益凭证成为受益人。其后，基金管理人设立非公募基金，计划管理人根据专项计划的约定向非公募基金出资，认购非公募基金的全部份额。最后，非公募基金成立后，按专项计划的约定，通过 SPV（Special Purpose Vehicl，主要包括特殊目的信托 SPT，special purpose trust 和特殊目的公司 SPC，special purpose company）向中信证券子公司收购天津京证、天津深证（持有资产）的全部股权，以实现持有资产并获取后续经营受益的目的。

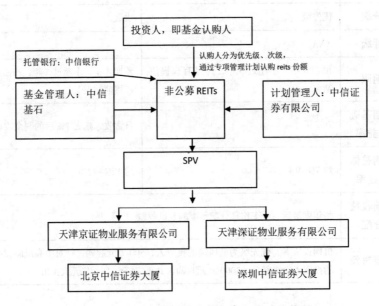

图 7-10　中信启航专项资产管理计划结构图

Fig.7-10　The organization structure of Qi Hang special asset management plan of CITIC

资料来源：根据中信启航专项资产管理计划资金募集说明书中资料制作

中信启航计划的退出方式有两种。第一种是以 REITs 方式退出，非公募基金将所持物业权益出售给基金管理人发起的交易所上市 REITs，对价的 75% 以现金获得，其余 25% 以 REITs 份额方式由非公募基金持有并锁定一年。因此，优先级投资者以现金退出，次级投资者获得部分现金及 REITs 股权。第二种退出方式是以市场价格出售给第三方来实现退出。

随后，依据类似的准 REITs 结构，中信与苏宁以部分门店（11家门店）为基础，推出国内第一单权益型的物流资产支持计划——"苏宁云享专项计划"，该计划是资产证券化实行备案制后深交所成功上市的第一只准 REITs。通过该模式，苏宁云享在不影响原有资产使用功能和未来增值收益的基础上，成功盘活了存量资产，实现了轻资产模式的转型，打响了国内物流地产发行类 REITs 的第一枪。

2）前海万科 REITs

2015 年，万科与鹏华基金合作的"前海万科 REITs"在深交所正式挂牌交易。该 REITs 是得到证监会特殊批准的金融试点产品，是我国第一支实现公募形式上市的 REITs 产品。该基金募集规模约为 30 亿元，投资标的为深圳前海万科公馆租金收益权。封闭运行期限为 10 年，之后转为上市开放式基金（LOF），封闭期间在深交所上市交易。其中一级市场认购 10 万元起，二级市场认购 1 万元起。虽然属于封闭式的契约型混合基金，但是在流动性和投资门槛上较之前发行的私募 REITs 有着一定的进步性。

表 7-4　鹏华前海万科 REITs 主要信息

Table7-4　The introduction of PHQHWK REITs

资料来源：鹏华前海万科 REITs 招股说明书

	产品说明
原始权益人	深圳万科有限公司
基金类型	契约型、混合型、封闭型
持有物业	万科前海公馆物业
募集规模	约 30 亿元人民币
发行门槛	一级市场 10 万元，二级市场 1 万元
预期收益率	6.25% ~ 8%
期限	封闭运作十年并在深圳证券交易所上市交易。基金封闭运作期届满，转为上市开放式基金（LOF）
评估机构	深圳市戴德梁行土地房地产评估有限公司
资金托管人	上海浦东发展银行
基金管理人	鹏华基金管理有限公司

　　鹏华前海万科 REITs 由鹏华基金管理有限公司作为基金管理人，由上海浦东发展银行作为基金托管人，如图 7-11 所示。投资人通过签订基金合同获得受益凭证，从而享受 REITs 份额的风险与收益；根据基金约定，该基金将在募集六个月内收购万科前海公馆项目 50% 股权，并获得后续物业收益，另 50% 资金将投资于其他固定收益类资产和权益类资产。

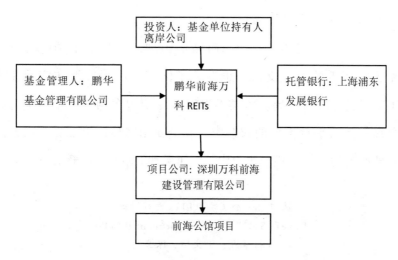

图 7-11　鹏华前海万科 REITs 项目结构图

Fig.7-11　The organization structure of PHQHWK REITs

资料来源：根据鹏华前海万科 REITs 招股说明书整理

　　鹏华前海万科 REITs 在满足分红条件的前提下，收益每年至少分配一次；每年收益分配比例不低于年度可供分配利润的 90%，而且作为公募基金，它在项目投资、投后管理、基金估值等方面，相比私募基金而言,披露信息更加透明完善,利于投资人控制投资风险。

　　但是该项目被要求在商业物业的资产配置不能超过 50%，剩余部分的基金资产投资于依法发行或上市的股票、债券和货币市场工具等，不动产投资属性相对国际标准 REITs 不突出。其尚未设立 SPV 等实现资产持有，基础资产只包含租金收入，而不涉及物业资产的自身增值，因而从其组织结构、收入分配等与国外标准 REITs 还存在差距，与债权融资相对接近，仍然不属于真正意义上的公募型 REITs。

（4）公寓类 REITs 模式

2010 年后，我国公寓类 REITs 的出现，满足了市场中自持型长租公寓所需的资金支持，也迎合了国家推广租赁型住宅和完善 REITs 发展的政策引导。该类型 REITs 主要包含两类：第一类为新派公寓等运营平台推出的权益类长租公寓 REITs；第二类为由开发商主导推出的自持长租公寓 REITs，如保利 REITs、旭辉 REITs 等。

表 7-5 公寓类 REITs 发行情况
Table7-5 The list of Apartment REITs
资料来源：上交所、深交所

产品名称	产品说明		
	类型	审批时间	拟发行金额（人民币）
中联前海开源 – 保利地产租赁住房一号资产支持专项计划	权益型 REITs	2017-10-23	储架 50 亿，首期 16.76 亿
新派公寓权益型房托资产支持专项计划	权益型 REITs	2017-11-03	2.7 亿
高和晨曦 – 中信证券 –（旭辉）领昱【N】号资产支持专项计划	权益型 REITs	2017-12-26	储架 30 亿，首期 2.5 亿

1）新派公寓 REITs

2013 年 8 月，赛富不动产一期基金在北京 CBD 区域整栋买下拥有 70 年产权的森德大厦，次年改造为新派公寓 CBD 店。在这种基金化的结构下，相当于将新派公寓 CBD 店分拆份额，以基金的方式发行给 32 名 LP 投资人，新派公寓在其中仅投入了 1% 的份额。它是在类 REITs 模式下，购买整栋物业打造的中高端长租品牌公寓，走"金融＋品牌＋服务"模式。其中 SAIF 承担收购等成本，"新派公寓"进行轻资产管理，年付租金实现滚动运营管理。它是国内首家用私募基金方式收购资产，并进行专业管理的长租公寓品牌，是轻重结合投资租赁型公寓的最早倡导及实践者。

2017 年 10 月，"新派公寓权益型房托资产支持专项计划"正式获批发行，拟发行金额为 2.7 亿。据了解，新派公寓 REITs 是国内首单长租公寓资产类 REITs，也是国内首单权益型公寓类 REITs。

表 7-6　新派公寓 REITs 主要信息

Table7-6　The introduction of Xin Pai Apartment REITs

资料来源：新派公寓权益型房托资产支持专项计划

	产品说明
原始权益人	洋部落（北京）企业管理咨询有限公司
基金类型	契约型、权益型、封闭型
持有物业	北京通达富资产管理公司所持有北京朝阳区百子湾路 2-12 层 01
募集规模	规模为 2.7 亿元，优先级 1.3 亿元、权益级 1.4 亿元
发行门槛	首次申购金额不得低于 100 万元
预期收益率	待定
期限	5 年，其中前 3 年为运营期，后 2 年为处置期
评估机构	深圳市戴德梁行土地房地产评估有限公司或其他计划管理人认可的标的物业评估机构
资金托管人	招商银行股份有限公司北京分行
计划管理人	渤海汇金证券资产管理有限公司
基金管理人	天津赛富盛元投资管理中心（有限合伙）

新派 REITs 的计划管理人为渤海汇金，其基金管理人为赛富基金，该 REITs 通过契约型私募基金的形式进行资金募集，募集资金通过设立 SPV 的形式持有通达富管理公司（持有新派公寓品牌及其运营管理公司）的全部股权。该 REITs 的成功审批，是以长租公寓平台管理公司为主体，进行品牌化租赁运营及资产证券化的率先示范，将为其他国内平台类公寓品牌起到重要的示范作用。

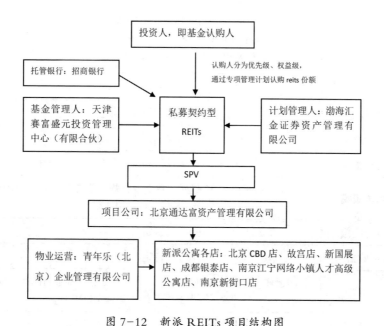

图 7-12　新派 REITs 项目结构图

Fig.7-12　The organization structure of Xin Pai Apartment REITs

资料来源：新派公寓权益型房托资产支持专项计划

2）保利、旭辉 REITs

2017 年，中国保利地产联合中联基金推出了"中联前海开源–保利地产租赁住房一号资产支持专项计划"，该 REITs 在上海证券交易所获得审批。之后，旭辉 REITs 于 2017 年 12 月在上交所审核通过，是民企首单长租公寓储架类权益 REITs，其储架注册规模为 30 亿元，首期发行规模为 2.5 亿元，其中优先级 1.5 亿，权益级 1 亿。本专项计划的投资标的为已实现经营现金流入的两个公寓项目，分别为旭辉领寓旗下上海浦江柚米国际社区和国际博乐诗服务公寓。

表 7-7　旭辉 REITs 主要信息

Table7-7　The introduction of Xu Hui Apartment REITs

资料来源：互联网资料整理

	产品说明
原始权益人	上海领昱公寓管理有限公司
基金类型	契约型、权益型、封闭型
持有物业	上海浦江柚米国际社区和国际博乐诗服务公寓
募集规模	其储架注册规模为 30 亿元，首期发行规模为 2.5 亿元，其中优先级 1.5 亿，权益级 1 亿
发行门槛	待定
预期收益率	待定
期限	封闭运作十年并在深圳证券交易所上市交易，基金封闭运作期届满，转为上市开放式基金（LOF）
评估机构	戴德梁行土地房地产评估有限公司
计划管理人	中信证券
资金托管人	上海浦东发展银行
基金管理人	晨曦基金 / 高和资本

　　旭辉 REITs 的计划管理人为中信证券，基金管理人为晨曦基金与高和资本，通过设置 SPV 收购持有公寓按产权的项目公司，如图 7-13 所示。投资人通过签订基金合同获得收益凭证，从而享受 REITs 份额的风险与收益；根据审批信息披露，该基金将涉及 10 ~ 15 个项目，未来 2 年内分期发行。退出安排方面，旭辉 REITs 在专项计划设立届满 3 年之前 90 日前，若达到公募 REITs 条件，则提前退出；若未完成则按优先收购权的有关规定，准备优先级退出。

与新派仅为权益类 REITs 相比，保利及旭辉 REITs 是储架结构＋权益型 REITs，虽然该 REITs 仍然属于契约型的私募基金，但由于兼具权益型和储架式的开放特性，具有更强的流动性，且实现了脱离主体兜底等多个公募 REITs 的特点，离真正的公募 REITs 仅有半步之遥。

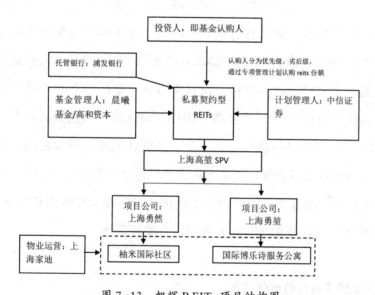

图 7-13　旭辉 REITs 项目结构图

Fig.7-13　The organization structure of Xu Hui Apartment REITs

资料来源：根据互联网资料整理

3. 我国 REITs 发展的问题与困境

3.1 缺乏明确的发展定位

国内目前的 REITs 产品，只能说部分满足了 REITs 的定义。虽然从 2015 年鹏华前海万科推出了国内第一个公募 REITs，到目前新派、保利、旭辉等纷纷推出公寓类 REITs，这些 REITs 大多仍属于契约型、权益类产品，本质仍然为传统意义的私募 REITs。它们和国际标准的 REITs，从产品结构设计到整个资产运营，包括利润分配、收入来源、税收优惠和信息披露等各个环节都有较大的区别。

就目前来看，REITs 在我国的发展面临许多瓶颈问题，如资产转让环节无法实现税收中性，国内政策上的登记制度、上市交易和退出机制不完善，更重要的是 REITs 的法律主体和地位尚未确定。沈田丰（2011）提出"根据中国现有的法律框架，当前的投资基金，并不是一个公司或法人主体，投资集合在中国法律上并不具有民事主体的法律地位[74]"。黄荣鑫（2015）也认为我国法律层面上没有对 REITs 的主体身份进行定性，专项资管计划属于基金合同，依靠的大多是规章或行业规定，不能从法律层面给予各方权益的约定（尤其是对投资人的保护）。同时由于我国 REITs 缺少相应的税收支持，这一系列问题使得 REITs 法人投资回报率较低等。

3.2 缺乏可行的运营模式

我国已经推出和正在推出的类 REITs 产品，大多以私募基金的专项资产管理计划的形式出台，根据目前的发展情况看整体的运营水平有所不足。究其原因，一方面是缺乏高质量的基础资产。随着一二线城市人口净流入的不断增加，租赁市场貌似存在巨大的市场需求。但无论是国内房地产市场中的长租公寓，还是具有政策性倾斜的公租房，这些租赁式住宅性质的物业前期投资和建设成本高，但投资回收期较长，年租金收益率等却很低。因此融资及后期资金的退出成为困扰企业进一步投资和发展的最大障碍。另一方面，是现有 REITs 产品虽然获得了开发公司、部分证券或者投资公司的大力热捧，但是现有情况下 REITs 资金的募集多集中于少数私募投资机构，即使可以实现一定的上市交易，流动性也存在一定的限制，因此还难以实现大众投资者的广泛进入。所以 REITs 从资金的募集、资产的运作管理到后期资金的退出机制，尚未形成完善的规范体系。如何促进 REITs 和住房租赁市场等的发展，如何形成一整套的运营模式，是我们需要进一步研究和解决的问题。

3.3 缺乏 REITs 风险管理规范

在建立和健全我国 REITs 发展模式的同时，它的发展也面临着一系列的风险问题。从宏观层面，REITs 面临的风险既有如国家的经济走势、财政政策、货币政策等引起的市场波动风险，也存在着包含房地产周期、区域供求变化等导致的流动性风险等。这些宏观的风险属于房地产股票、债券及 REITs 等普遍遇到的共有问题，因此属于系统性风险（undiversifiable risk）。它们无法通过 REITs 企业自身的运营和投资组合变化而予以消除。除此之外，在从 REITs 发展的微观层面也存在一系列的非系统性风险，这类风险又称为可分散风险，它是只针对某一行业或者公司产生影响的风险。这类风险包含经营和发展过程中的经营风险、管理风险、道德风险等。

尤其是近年我国地产行业发展进入下行周期，部分房地产企业大力倡导和发行类 REITs 产品，一方面是寄希望于 REITs 的未来潜力，提前通过布局长租公寓等产品实现规模拓展；另一方面部分企业希望通过 REITs 的发行，实现自身劣质存量资产的打包变现。对 REITs 未来前景的概念炒作，容易使得参与的各个主体，忽略投资资产的盈利能力问题，对参与主体及投资者具有一定的投资风险。在 REITs 的发起过程中，部分具有较强资金实力的企业，对基金托管人、基金管理人等具有较强的影响力，因此也可能产生大股东侵占中小投资者利益的可能。除此之外，无论是基金管理人、基金托管人，还是计划管理人，REITs 行业的团队组建中缺乏既懂金融又懂地产的专业人才，企业经营和操作的控制风险较大，而且也难以规避可能的道德风险。尤其是目前我国已经陆续出台的契约型类公募 REITs，与公司型对比而言，契约型 REITs 由于没有设置董事会或者监事会等，以机构或者大众型投资者为主的利益主体与基金管理人之间存在委托代理问题，其利益风险和道德风险比公司型 REITs 更难协调和调整。

第八章　基于长租公寓发展
背景下的 REITs 破局

依据国外经验，租赁住宅类企业的快速发展，普遍得益于 REITs 的出现。租赁企业通过 REITs 融资可以获得低成本的资金，同时也使得投资者实现了顺利退出。虽然我国发展 REITs 还存在着很多问题和困难，但 REITs 的建立成为我国金融体系进一步发展，实现地产与金融产融结合的重要举措。REITs 的确立和发展是对长租公寓的行业发展显得尤为重要，可以为长租公寓的规模发展提供资金支持，为其长期运营和资本退出提供资金保障。

1. 我们该选择怎样的发展道路

1.1 发展模式与路径

（1）发展模式

据第七章关于 REITs 国际模式及国内模式的分析，REITs 在全球最主要的两种发展模式，一种是以美国为代表的税收驱动模式，另一种是以亚洲为代表的专项立法模式。前者以税法为主体规定了 REITs 成立及享受税收减免所需履行的要求和条件，税后优惠成为激发 REITs 发展的市场驱动力。之后美国等国家在发展中根据新的问题和需要不断修改和完善法律，REITs 的结构和灵活性等得到不断创新。而亚洲为代表的专项立法模式构建中，亚洲各国借鉴美国的发展经验，依据自己国家的国情和实际需要，通过修改投资、信托或基金等有关法律，对 REITs 的设立、机构及利润分配等做出了细化的规定。从我国的实际运作角度看，亚洲立法模式更符合我国的实际国情，通过现有信托法、公司法等分阶段逐步修订法律条款，可以为我国 REITs 的发展提供空间和指引，便于加快 REITs 的发展进程。

（2）发展路径

如果直接按照国际资本市场的 REITs 标准来直接推动我国 REITs 的落地，这样的一蹴而就难免出现一定的问题，或者需要更长的准备周期。根据目前长租公寓 REITs 的发展现状，中国 REITs 的设立可以充分根据现有国情，逐步地渐进式发展。可能的发展路径是先在北京、上海、深圳等地的商业长租公寓市场进行试点，在发展中逐步实现调整，这样既能满足目前长租公寓市场发展的资金需求，又能够积累经验。之后考虑扩大 REITs 发展的范围，并在取得市场的共识和成果后，再通过立法的形式明确 REITs 的发展地位和规范。在这一发展过程中，既需要发挥政府的监管和指引作用，也需要充分发挥市场化企业的积极创新，积极吸引社会闲散资金的进入。

1.2 发展定位与结构

（1）定位

REITs 属于资产证券化的一种特殊形式，属于信托基金的组成部分，是介于股票、债券之间的一种仅限投资房地产类资产的投资类别。Morgan Stanley 的卓百德（2004）认为："在全球范围内，推动 REITs 发展的主要动力源头有两个：'来自社会'和'来自业界'的推动力。"我国 REITs 的发展动力也不外如是。

首先，政府成为推动 REITs 发展的主要源动力，一方面寄希望于通过 REITs 可以为长租公寓和公租房等租赁式住宅提供快速发展的资金，保障民生的需求和发展。另一方面也希望能够丰富和完善我国的金融体系和市场，不断发展具有中国特色的社会主义经济与金融。党的十九大后，习近平总书记在全国金融工作会议上指出"服务实体经济、防范金融风险、深化金融改革"是我国金融工作的三项任务，是我国确立"深化金融体制改革，增强金融服务实体经济能力，提高直接融资比重，促进多层次资本市场健康发展"战略的细化要求。因此，在落实"房子是用来住的，不是用来炒的"调控定位下，REITs 的发展应重点着力于租赁式住宅的发展，以满足人民日益增长的美好生活为出发点和落脚点，这是新经济时代下 REITs 发展的政策背景。

其次，我国房地产行业面临经济结构升级的"去地产化"趋势，行业投资与利润率持续走低，如何将地产开发从之前重资本的资金密集型，向以输出管理和服务为主的轻资本模式转移，REITs 成为实现这一转变的重要寄托。我国房地产过去过度依赖银行贷款和具有贷款性质的信托基金等支持，随着我国金融体系和地产行业对传统地产开发的要求日趋严谨，各地产企业需要不断改善和发掘多元化的金融工具，丰富产业资金链的资金供给方式。REITs 的引入有助于减少房地产发展的金融风险，将会促进房地产从过去单一粗放销售炒地皮的开发理念，向以租售并举促进人民安居需要为核心的多元化开发转变；将会促进房地产从短线的开发商思维向城市多元化服务商的可持续发展思维转变。从这一角度出发，REITs 的发展应该着力于促进房地产行业原有的融资模式，促进房地产企业的轻资产转型和可持续发展。

再次，对于投资者而言，REITs 是一种风险低、具有稳定收益型的投资工具。由于 REITs 的投资标的主要为房地产的租赁收益及增值收益，因此投资者在享受稳定租赁收益的同时，可以享受经济发展带动下的资产升值，这样既具有较高稳定性，又避免了传统地产投资中复杂的手续和低流动性。所以 REITs 可以进一步优化投资者的资本结构、增强资产流动性，提供一种低门槛的房地产投资机会，满足大众投资者的投资需求。

综上所述，REITs 的发展需要依托中国特色社会主义国情，以实现满足人民日益增长的美好生活需要为出发点和着力点。既充分做好房地产行业和金融行业进一步发展的助燃剂，实现调动社会闲散资金，为人民提供租赁型住宅和商业类资产，也要有利于保障和满足大众投资者的资产增值需求，促进整体经济的发展。

（2）组织结构

REITs 的组织结构在全球发展中不断变化，除中国香港等地区规定只允许契约（信托）型的组织结构外，全球大多数国家的 REITs 普遍允许公司型和契约（信托）型多种组织结构并存的发展形式。从实践发展的情况看来，美国、日本等大多数 REITs 都采用了公司型的组织结构，并深化发展出 UPREITs 和 DOWNREITs 的升级形式。

公司型 REITs 的组建过程中，首先须成立一家资产管理公司进行 REITs 的发行与投资，之后通过尝试上市交易实现资金退出。公司型组织由于具有完善的法人治理结构，REITs 投资者作为股东，可以更好地参与和了解 REITs 的运营和管理，可以实现对投资者利益更好的维护和管理。但是从实际操作中看，由于我国信托基金等相关法规限定了公募资金投资于房地产的最高比例，更无法实现 REITs 类产品须 75% 以上比例投资于房地产的行业国际标准。同时，我国公司法中也要求公司对外投资总额不应大于公司总资产比例的50%。因此，公司型 REITs 在我国的发展还任重道远，它的建立需要进一步修订和完善我国相关法律，由于横跨信托法、公司法，甚至税法等多个主体，因此短期内修订和确立的难度极大。

契约信托型 REITs 的组建并不要求成立公司法律实体，无须注册有限合伙企业或者投资公司，法律手续简单，税收、运营等成本较低。只是须先制订资金专项计划，再通过证券交易所审批后募集资金进行投资。契约型基金突破了原有有限合伙私募基金投资人最多 50 人的数量限制，投资者人数可增至 200 人，使得私募资金难度降低，且在投资者与管理人之间订立的合同契约也相对灵活，当事人可在法律框架内约定灵活的资本退出方式。这些都是我国私募类

REITs 采用契约信托型的主要原因。

综上，在我国 REITs 发展的当前阶段，已发行的非公募 REITs 实践案例及现有的法律环境等，决定了封闭型、有期限、可上市交易的契约信托型 REITs 具有较强的发展优势，也更适宜我国的实际国情。但是通过借鉴发达国家经验，我们发现公司型 REITs 具有法律实体，可以更有效地实行公司内部治理和解决投资者与管理者的沟通问题，也是当前美日等重要 REITs 市场的主要方式。因此我们可以在发展契约型 REITs 的同时，创造条件积极进行公司型 REITs 的尝试和发展，原则上允许契约型 REITs 与公司型 REITs 共存，最后由市场选择属于自己的组织结构。

2. 我们还需要做哪些准备

2.1 明确各方主体

信托契约型是我国目前实践中最可能确立的 REITs 形式，在它的未来发展中，为保证市场的健康平稳发展，我们需要进一步明确 REITs 的参与主体及相关责任，不断吸引和完善市场参与主体的职责与规范。从以往我国发行类 REITs 的运作情况出发，REITs 发展中各运作主体的主要角色和职责可参考如下：

1）认购人：根据与计划管理人签署的《认购协议》取得专项计划的收益凭证，有知悉有关专项计划运作、转让收益凭证、参加行使人大会和其他法律及合同规定的其他权力等。

2）计划管理人：计划管理人根据与认购投资者签署的《认购协议》对投资资金进行管理，计划管理人设立并管理专项投资计划，并向认购人发放收益凭证等，管理人有权代表认购人及资产证券持有人依法保护自身权利、聘任和解聘相关机构及个人、委托并监督第三方机构承担资产管理计划的注册登记、资产估值和结算等。

3）基金管理人：在计划管理人的监管下，负责发起 REITs，负责向主管部门审批相关手续、募集社会投资者与机构投资者资金、实际执行 REITs 的投资运营和管理工作等。

4）资产管理公司：受基金管理人委托寻找合适的投资资产，并负责从收购到后期资产管理和运营等执行工作。

5）基金托管人：一般为商业银行，承担托管银行的角色，它应按《托管协议》的约定制作并按时向计划管理人提供托管报告（托管银行兑付报告、托管年度报告等），负责资产的保管、资金收益及费用支出等工作。

关于募集资金的主体约定，美国 REITs 的投资主体由散户个人投资和机构投资者组成。个人投资者虽然可以直接买卖 REITs 证券，但是由于精力及投资专业性等原因，它们往往选择通过投资机构代为理财。因此，散户个人投资者相对较少，机构投资者成为美国 REITs 募集资金的主要来源。这些机构投资者主要有：REITs 最大的投资者——共同基金、主要投资者——保险公司和养老基金，重要投资者——房地产投资公司及外国投资者（主要来自加拿大和部分欧洲国家）等。

由于我国长租公寓的发展还处于起步阶段，因此其发展的模式和思路都处于探索阶段，而 REITs 作为一种尚未完全引入的创新金融工具，虽然政策倡导，但证监会、银监会等与相关法律部门的推进进程，还需要一定的周期。另外，投资者对 REITs 的接受程度还需要提高。因此，我国 REITs 当前和后续确立的发展初期，投资者将以机构投资者为主。可能的投资主体有：

1）金融及信贷资金：银行、证券及险资等在贯彻金融服务于实体经济，促进长租公寓发展来保障民生的政策下，预计将成为我国长租公寓 REITs 资金的重要来源；

2）其他非金融企业：我国国内实力较强的上市企业预计会购置部分流动性强的 REITs 作为资产配置和增值保值的工具；

3）社保或养老基金：随着我国社保和养老保障制度的深层改革，可能由于 REITs 稳定性强等特点，而成为其重要的投资方式之一；

4）国外投资者：由于中国金融市场将逐渐开放外资的准入程度，预计外国房地产信托基金及其他资本也将通过投资我国 REITs 的形式，积极拓展中国金融和房地产市场；

5）个人投资者：由于我国契约信托型类 REITs 大大降低了地产及传统基金的投资门槛，预计大量的个人投资者会直接选择投资于 REITs 等金融产品。

2.2 确定交易方式

对于长租公寓 REITs 而言，是采用开放型与封闭型的交易方式，主要的区别在于 REITs 持有人的收益凭证是否有时间限定和买卖限制。作为房地产行业的一个分支，长租公寓的发展虽然是以地产的开发或者租赁收购为基础，但是它的运营能力是决定长租公寓盈利与否的关键。所以长租公寓的拓展模式是先投资再运营，通过运营收益回补开发投资的成本，这决定了它的收益虽然稳定，但投资回报期较长。因此，长租公寓 REITs 的发行采用封闭型更能保证资金和运营长期的稳定性，不具有短期赎回的可行性。而且我国长租公寓属于起步阶段，在法律制度、融资渠道、投资运营等方面都还需要调整和完善，在当前阶段采用开放型的交易方式，可能会产生一定的风险。

因此，长租公寓 REITs 采用封闭型的交易结构符合当前长租公寓和 REITs 快速发展的实际需要。实行封闭式的基金，可以保证长租公寓所需资金规模的不变，便于长租公寓的快速稳定发展；而且封闭式基金有利于基金管理人对投资及资金的管理和控制，便于计划管理人和托管银行对资金的监管。通过借鉴 REITs 国际市场上的持有出售期间，我国长租公寓 REITs 也可以设定一定的 REITs 封闭存续期，期限截止后设置合理的退出渠道。

但是我们也需要看到，随着我国 REITs 市场和社会主义新金融创新水平和科技的发展，开放式 REITs 的发展环境也会逐渐变好，所以我们也不应直接封杀它的生存可能。资产证券化技术和市场的发展会增强房地产的投资流动性，房地产实物证券化、抵押贷款证券化等在国内外市场已经非常成熟或者具有一定经验。另外，产权交易市场在我国的建立和不断完善，也会使得各种资产的交易更加快捷，增强房地产投资变现的流动性。随着资产流动性的不断增强，投资者对于 REITs 的流动性要求也将促进开放型 REITs 的更好发展。

综上，我国现阶段的长租公寓 REITs 交易方式应该以封闭型 REITs 为主，以增强发展初期长租公寓 REITs 的稳定性和安全性，但是我们也应该逐步探索和发展开放型 REITs，以满足未来市场的潜在需要，在不断的调整和变化中保持长租公寓 REITs 的活力。

2.3 打通退出机制

投资的退出机制是指投资机构在所投资项目或者公司发展到一定阶段或者时间后，通过将股权或者其他权属凭证转换为现金或现金等价物，实现变现的制度安排。一般常见的退出渠道有：股份上市、股份转让、股份回购等。与常规的企业投资一样，REITs 只有在一定条件下能够实现退出，以保证 REITs 的流动性，提高投资者对于 REITs 投资的吸引力。而我国发展长租公寓 REITs 最迫切的退出机制是期待通过 REITs 的确立和发行，从而实现从更大众化的投资层面实现重资产向轻资产的开发模式转移。

股份上市，这是国际上 REITs 实现资本退出较为普遍的一种方式。但是我国 REITs 在证券交易所的上市仅限于柜台交易，尚未达到首次公开发行（IPO）的条件，部分离岸 REITs 主要是通过新加坡或者中国香港 REITs 实现上市退出。REITs 在我国证券市场合法地位及正式公开发行的确立，将会对 REITs 的发展存在重大的影响，随着上海证券交易所与深圳证券交易所运作机制的完善，后续将成为重要的 REITs 退出渠道。

股份转让，作为当前操作性更强的信托契约型 REITs，其股份转让可以通过基金合同或者认购协议中的契约条款来约定，因此就有较强的可行性和灵活性。在我国 REITs 尚未具备股份上市等条件前，这是 REITs 最重要的退出方式。按接收主体的不同，可以分为收购与兼并（Merger and acquisition）、管理层收购（MBO）等形式。管理层收购是一种减少公司委托代理成本的可行手段，在实际的执行中管理层通常考虑先成立一家投资公司来间接持有欲收购的资产股份，从而保证所持股份权益的稳定性和安全性等。

股份回购，主要是指 REITs 持有企业通过银行贷款或者其他融资资金来收购投资者手中的股权凭证，契约信托型 REITs 在回购过程中如何与 REITs 持有人达成价格及回购的协议，是股份回购的重要前提。

我国政府有关部门已经放开和逐步尝试资产证券化备案等制度形式，尽管法律环境尚未完善，但资产证券化产品已经可以在深交所等实现类公募的交易。退出机制的建立是 REITs 市场，尤其是公募型 REITs 建立的必要条件，我们按现有股份转让的形式外，应该逐步完善股份上市机制，加强对股份回购的监管，以保护投资者利益。

3. 我们如何规避未来可能的风险

从长租公寓 REITs 的实际操作层面，企业需面对的风险主要有经营和发展过程中的经营风险、管理风险和道德风险等。其中经营风险主要强调投资决策及投后管理，内部管理风险主要指委托代理风险，道德风险主要指如何加强企业和工作人员对道德风险的强化，不仅需要注意道德风险引起的财务风险，而且也包含潜在风险。因此我们提出的措施也主要是围绕这几点。

3.1 经营风险控制

REITs 的发展面临着一系列的问题，如国家的经济、政策及行业的波动变化等系统性风险，这些风险很难通过 REITs 企业自身的运营和投资组合而消除。但这些系统性风险所引发的经营风险却可以通过 REITs 微观经营主体的内外控制，实现风险的规避，维护企业投资者的合理权益。

（1）优化投资管理与决策

房地产项目属于不动产投资，其各个项目间的差异、特点和经营方式有着较大的不同。REITs 在发展过程中，需要切实做好投资项目的风险分析与控制，做好市场的准确调研和可行性评估。常规的投资决策步骤为：1）谨慎选择投资标的，首先对投资项目的前景、风险、收益等进行基本分析；2）全面收集相关信息资料，如投资项目的行业、市场、政策、收益、风险等方面信息的分析，通过大量信息资料的筛选和分析，有助于科学的投资决策；3）投资方案遵循次优原则，不同的投资方案都有自身的优缺点，只能优中选优，确定符合自身利益最大化的投资方案即可；4）做好投资风险应对预案。

在投资决策过程中还须注意适当执行风险规避。风险规避是指对风险较大的投资项目（含获利可能性较高类项目），事先采取避开风险源或者直接投资的行为，以消除可能的风险。但是风险规避是一种被动的风险防范，选择稳健策略的同时可能放弃隐含的巨大商业利润。因此只有在风险程度特别高，或者风险程度虽不太高，但获利相对不理想时采用。

（2）多元化与分阶段投资

房地产投资与其他投资形式相同，在进行投资时采用多元化的分散投资策略可以有效分解投资风险。具体而言可以根据投资标的的区域、业态、阶段进行多元化投资。

1）区域组合：我国幅员辽阔，一二三四线城市的房地产发展根据城市及区域背景具有较大的差异性，投资于不同区域呈现不同特点。由于不同区域宏观调控及经济人口发展等因素具有差异，投资于不同城市，可避免集中投资的区域出现波动性风险，有助于分散政策及市场等风险。

2）业态组合：写字楼、产业园、住宅、商业等各种类型的物业资产具有较大的差异性，不同业态的多样化组合有利于防范市场风险。一种业态在出现市场风险时，其他业态的发展可带动整体经济效益的发展。

3）房地产投资的标的资产因为具有从土地熟化到成熟运营等不同阶段的投资时期，往往成熟型的标的资产具有更可靠的稳定性，但是资金投入及价格谈判能力需较强。而土地或其他具有较大潜力的投资项目往往可以带来较高的未来收益，但是风险相对较大。

由于房地产投资项目的复杂性，在房地产投资过程中可以采用一些控制手段。1）财务资金的比例控制：资金投资时限定固定资产投资额与自由资金保持一定比例，保持适度财务杠杆率。2）投资回报率及投资回收周期限制：根据财务投资 ROE 和 NPV 等计算，应将资金投向经济效益较高、具有较高投资回报率和更短投资回收期的项目。3）留存准备金控制：企业内部应留存部分准备金，以应对随时可能发生的资金风险或者坏账准备，增强抗风险损失的承受能力。

（3）注意过程管理和实时监控

不动产物业的投资需要注重投资及运营的过程管理，而且，由于不动产资产本身，除土地及地面附着物等固定资产外，物业管理及服务也是其资产保值增值的重要方面，因此还须重视物业管理服务的价值性，对各项物业须分别制定详细的管理战略规划和监督制度。在管理过程中须重视通过信息管理系统等实时掌握各投资资产所在城市、区域的市场现状，对现有物业的投资及运营等财务指标定期进行沟通，如存在经营等风险，则须及时做出风险控制及调整决策。

3.2 管理风险治理

REITs 的对不动产物业的投资收入主要来源于租赁收益及物业增值，但是其收益的影响因素较多，其中最重要的因素就是管理团队的能力。REITs 需要针对不同区域、不同类型、不同阶段的房地产项目进行调研和投资判断，因此需要一个既要懂得房地产专业知识，又要懂得财务投资及相关法律的人才团队，这样才有可能实现精准投资来降低风险。然而 REITs 从发起、投资运营到实现资金退出的过程，涉及的环节较多，难以避免聘用大量的内外部团队来共同参与，因此不可避免地存在着一定的角色冲突，不可回避地出现管理者与投资者的利益冲突，亦即典型的委托代理风险。

尤其是在契约信托型 REITs 的结构中，由于缺少公司型 REITs

的董事会或者监事会的结构设计，投资人将资金交付 REITs 进行投资管理后，除了 REITs 投资者所能参与的持有人凭证大会外，也就仅有托管机构对资金账户监管的少数监管设置，REITs 管理者实际上具有较强的"外部管理能力"。REITs 基金管理者在日常 REITs 的管理过程中可能选择忽略股东权益的最大化，而寻求管理层或者个人利益的最大化，而股东却无法对管理人的每一个投资行为进行监管。这种行为可能是金钱利益的获取，也可能是为了个人职业发展或者管理层的利益最大化，而违背 REITs 投资者利益所进行的规模扩张或者相关举措。具体表现为利己交易、关联交易和费用转移等。

另外，由于我国信托投资法对于 REITs 计划持有人或者发起人等主体的权利、责任尚未有明确的规范，部分现有类 REITs 产品由少数实力机构实际控制，基金管理人和基金受托人往往受该机构控制和影响。在这种情况下，REITs 更有可能成为该机构投资项目的融资工具，大股东或者处于控制权地位的企业干扰 REITs 的日常管理，致使投资管理过程中过多强调大股东利益，而损失大众投资者或者中小投资机构的利益。这也是我国类 REITs 与国外标准 REITs 目前最明显的不同之一。针对契约型 REITs 的内部管理，需要建立和健全风险管理机制，进行管理风险的治理。

1）完善 REITs 运行的法律体系和公司管理制度。我国信托法等法律应完善契约型 REITs 相关责任主体的权益和义务，并进行进一步的监管。同时在原有契约型 REITs 受益凭证持有人大会外，可以仿效公司型 REITs 成立具有"董事会"性质的凭证持有人常务理事会，通过该机构对基金管理人的重大决策和日常管理进行监督，还可给予基金管理人具有"期权"性质的管理激励。

2)制定风险的日常管理程序和体系。既包含风险管理的步骤（相关风险的识别、衡量、监测、控制与调整）、计划和执行方案，也包含风险的应急预案。该执行体系的建立须与公司的战略目标和风险防控体系相一致，且该体系必须随着业务的变化发展，基于不同承受风险水平而重新报请受益凭证持有人大会或者其常务理事会审核，以保证该体系的适时性和有效性。

3)除原有REITs托管人（通常为商业银行）对资金及账户等的日常监管外，引入REITs外部的第三方审计监管机构，建立对REITs日常管理及财务等的审计管理。通过该第三方机构向受益凭证持有人常务理事会进行月度和年度的审计汇报，实时向受益凭证持有人进行信息披露，保证投资者知情权。

4)引进胜任能力的风险管理人员：熟悉REITs业务的运营和发展，执行和监督风险管理程序，理解并维护投资人的价值观和利益。负责公司监管管理系统的维护，以确保风险管理信息的准确性和有效性。风险管理人员还须制定公司的风险管理政策，并报请持证人大会批准和授权，确保企业管理层及员工知悉持证人大会所确定的战略方向和风险承受准则和水平。REITs组织也须制定有效的薪酬激励，以培养和激励风险管理人员的发展。

3.3 外部监管策略

除了构建完善的内部风险防控体系外，为了进一步避免REITs可能出现的各种风险，还须加强外部的监管，通过外部监管与内部管理机制的配合，才能更加有效地保护 REITs 投资人的合法利益。针对 REITs 外部监管的问题，卫露娟（2016）对国际上主流的监管模式进行了总结，她认为当前国际上的主流监管模式主要分为三类。第一类是以英国为代表的行业自律模式，"此模式不设置专门的监管部门及专项立法，主要是市场参与者的自律管理。[97]" 第二类是以美国为代表的混合模式（立法约束及自律管理），这一模式强调法律的规范作用，强调信息披露制度的建立。第三类是以日本为代表的政府管理模式，这一模式强调政府监管的作用。其中美国作为最早发展 REITs 的国家，至今 REITs 的发展规模最大，发展机制最为成熟。

从立法约束的角度，美国的法律监管体系是执行联邦监管和州监管双轨制，而具体的监管机构也是分为美国证券交易委员会和证券交易所两个主体机构，与我国基本类似。美国证券交易委员会成立于 1934 年，是对证券和基金等发行和交易活动的管理机构，是对投资活动的主要监督者，负责检查及监督相关法律的执行，以维护整体市场的秩序和投资者的合法权益。证券交易所主要有纽约证券交易所（New York Stock Exchange，NYSE）、美国证券交易所（American Stock Exchange，AMEX）、纳斯达克交易所（National Association of Securities Dealers Automated Quotations，NASDAQ），它们配合和辅助美国证券交易委员会对市场进行具体的监督管理，贯彻证券交易委员会的规章，引导本交易所内的投资经营活动。

从行业自律管理的角度，美国主要依托美国房地产投资信托协会，该协会立足房地产投资信托行业的长远利益，统筹和协调美国REITs 行业的成员企业，实现行业内部的市场信息共享，协调行业与投资者、行业与政府等相关部门的自律行为。除此之外，美国政府也直接或者间接通过第三方机构对 REITs 的信息进行披露，建立起 REITs 信息的披露制度，该制度减少了投资者和基金管理者的信息不对称，提高了 REITs 透明度，减少了内部交易等违规行为，也客观上增强了行业内企业的自律行为。

根据我国的实际国情，卫露娟（2016）认为"在我国的金融监管模式中，尚未出现完全的自律管理，而完全政府监管也可能走向监管无效或者监管不当的两个极端。故建议我国坚持法律监管与市场约束相结合，建立有效的监管模式。主要可以从以下几方面来努力：第一，通过立法规定 REITs 的组织结构、资产运作、股息分配等主要的规范性内容，同时明确在法律关系中各相关主体的职责和资格，强调 REITs 各参与主体的独立性。第二，建立自律组织如行业协会，对法律监管进行有效的补充。第三，信息披露制度，对关联人及关联交易的披露实行严格的监管，而且对披露程序做出了详细的规定 [97]"。王冬（2014）也指出"金融投资公司应在企业年报中披露各类风险、风险管理情况及公司治理等各种信息，并保证各类信息的真实性、准确性、及时性及完整性，并在会计附注中披露关联交易的总量及重大关联交易的情况等。避免向关联公司注资或由关联公司进行担保等使投资者陷于风险的情况发生 [85]"。

综上所述，为了促进 REITs 的规范发展，有效规范 REITs 行业未来可能出现的风险，应该在 REITs 的发展中建立健全监管模式。

该模式应该坚持政府监管、法律约束与行业自律相结合，走中国特色的社会主义监管道路。首先，要整合证监会、银监会等多个监管主体的分工协作，加强证券交易所的监督管理职责。通过减少监管部门的内部摩擦，实现对企业经营投资活动的无缝对接，这样才能创造一个健康有序的行业发展环境。其次，要完善我国信托法等法律规范，从法律的层面对未来 REITs 发展中的一些问题进行不断的更新和具体，使监管部门和行业企业的行为，能够有法可依，实现行业的自我约束。再次，须根据我国目前 REITs 发展的实际情况看，整个 REITs 的发展尚未成熟，存在着一些潜在的问题，我们应该加强 REITs 行业协会的建设，统一协调和进一步规范行业的自我发展，在政府、法律和行业自律的多重框架下，逐步构建一套成熟的 REITs 信息监管和披露系统。REITs 行业协会的建立可以提供一个群策群力的市场平台，通过市场的力量有效促进监管部门、学界和 REITs 企业等的力量整合，为 REITs 在我国未来的发展提供重要保障。

3.4 道德风险防范

我国 REITs 市场还处于市场发展的初期，各项规章制度及规范等尚未建立和成熟，既需要通过经营风险控制来降低投资风险，也需要结合内部管理机制和外部监管体系来对行业及从业者进行规范。作为一个全新的行业，它的发展不仅需要我们的 REITs 管理团队既有着地产领域的投资运营和营销技能，具有金融工具等市场的深度理解，更需要我们的企业和从业者遵循道德伦理，规范 REITs 行业的道德行为，因此，需要我们建立和健全一套 REITs 人才管理的培养体系，也需要制定一套道德规范的规章准则。

一方面，我国可以引进国外具有 REITs 经验的优秀管理人才，带动培养具有复合能力，且具有道德情怀的本土 REITs 人才。首先，美国等发达国家的 REITs 市场具有非常丰富和成熟的市场经验，具备健全的信用体系和商业伦理环境，引进国外有经验的管理人才可以为我国 REITs 的快速发展提供人才基础，同时也将带动我国本土 REITs 人才的培养。其次，我国高校及企业博士后流动站等国内智库应该建立和大力发展 REITs 的研究课题，促进我国 REITs 的理论研究和实践发展。再次，可以通过校企联合培养的形式，充分发挥政策和市场的引导功能，有针对性地培养既熟悉地产又熟悉金融的复合型人才梯队。

另一方面，制定行业人员的职业道德准则和职业资格监管，建立人员从业信息披露制度。由于 REITs 代表的是大众投资者和中小结构投资者的利益，REITs 投资者的利益需要基金管理人机构的每一位员工去履行，REITs 员工不得根据手中具有的信息和其他优势为自己或者利益相关者牟利。因此，通过 REITs 行业协会等组织可以制定 REITs 从业人员的职业道德准则，规范从业人员的整体行为。还可建立职业道德资格考试制度，进入行业的资格审核中将道德标准作为重要的考量因素之一，并且定期进行道德行为的监查。另外，也可以建立人员从业信息披露制度，通过从业人员信息的公开化，可以促使从业人员珍惜自我职业生涯发展，建立一支具有职业道德素养的 REITs 优秀人才。

本书的主要工作

　　我国房地产经过三十来年的快速发展，不同区域展现不同的具体特征。本书的上篇通过对高净值人群置业特征的细化研究，针对顶级豪宅营销中的普遍性难点提出了基于7Ps理论的解决方案，并在重要章节进行策略建议及案例应用，对于顶级豪宅营销工作的指导具有普遍性和较强的现实意义。本书的下篇通过对长租公寓市场未来发展前景和当前窘境的研究，提出REITs对我国租赁型住宅市场的巨大意义。通过结合中外REITs发展的现状和模式研究，对我国长租公寓REITs的发展道路及风险防范提出自己的一些思考。

　　本书的主要工作内容和结论是：

　　（1）分析了顶级豪宅营销中的问题与原因。通过对顶级豪宅营销的背景、现状及过程等的调查及研究，顶级豪宅理论的发展已经落后于实际的营销实践。随着高净值人群规模的快速扩大和行业供地结构调整等系列变革，亟须进行顶级豪宅的营销研究。而当前的顶级豪宅营销中存在"渠道拓展效果差、不注重精细服务、客户实际体验有差距"等系列问题，其原因在于渠道管理体系不健全、忽略精细化服务管理及未实行全流程的客户期望管理等。

（2）分析了高净值客户的置业行为。通过大量查阅高净值人群的相关文献，并结合深度访谈、数据分析等多种研究方法，对高净值未来的置业特征和趋势进行了探讨。同时，本文也指出高净值人群具有明显的个性化置业需求，他们的置业行为不仅受到单一动机或者混合动机的影响，随着城市和市场的不断成熟，他们的需求层次和类型将发生时代性的变化。

（3）基于7Ps理论对顶级豪宅营销提出了一些策略。通过7Ps营销理论与高净值人群的置业行为特点相结合，针对顶级豪宅营销策划、销售签约、售后服务等提出了基于7Ps的顶级豪宅营销策略，且通过重点结合北京的部分顶级豪宅营销实践，我们进一步提出了顶级豪宅营销策略的有效性和借鉴性。建议：1）顶级豪宅渠道管理可以实行推动策略与拉引策略的补充配合。与推动策略相结合的线上渠道促销，可以有效地实现项目形象的提升和价值体系的客户告知。而与拉引策略相结合的线下渠道，应充分了解高净值人群的置业特点，构建大渠道拓展体系和全面拦截体系，通过"身边人"影响客户圈层。2）顶级豪宅的体验管理可以通过两个场景、九大触点的展示体系设计来实现客户体验的提升，但也须注意在这一过程中树立人本理念，在为客户营造出高端生活圈层环境的同时，加强对"内部人"的人本服务，实现精细化的服务管理。3）顶级豪宅客户的期望管理要求实现以客户体验为中心，以会员制为管理载体，实行精细化服务管理的全流程管理。在具体的营销过程中，应力求项目价值与价格相吻合，强调在客户认可的"买时"和交付后的"住时"

实现全流程的期望管理。

（4）分析了我国长租公寓市场的未来潜力，对当前长租公寓发展遇到的窘境进行了深入分析，论证提出了REITs是我国解决长租公寓市场发展的最佳途径。

（5）对全球REITs的发展和国内外模式进行了深入的研究和总结，从理论发展到中国落地的日渐成熟，详细论证了我国REITs的理论研究和实践探索，并提出了我国当前REITs发展的问题。

（6）论述了我国长租公寓REITs模式的发展道路和发展路径，提出我国应该借鉴中外成熟经验，在发展初期率先确认契约型REITs的法律地位，支持权益型和混合型REITs的收益模式，指出我国REITs可以从私募、类公募到公募型实现募集资金方式的转变，并认为我国REITs的下一步应尊重客观的实际国情，从现有类REITs的模式中进行调整，形成具有中国特色的REITs发展道路。而且提出在REITs的未来发展中，还需要通过立法或者行业规章进一步明确各方主体的责任，确定交易的合理方式，打通REITs投资对大众投资者的退出通道。最后，研究和提出了REITs潜在风险的应对办法，提出应该坚持政府监管、法律约束与行业自律相结合，走中国特色的社会主义监管道路，提供了从经营风险控制、管理风险控制、外部监管策略到道德风险防范的系列建议。

基于租售并举后的房地产发展的二元趋势，虽然针对性地进行一些研究，但对于REITs的分析主要集中于模式研究。而且本书的结论和思考一定存在历史的局限性，观点难免存在疏漏。希望与读者求同存异，诚谢您的理解！

后 记

　　这本书主要是我交大研究生期间及美国留学期间的一些思考。最早写高净值人群的置业行为是源自交大期间的硕士论文。当时自己在北京参与多个豪宅的前期产品定位和营销管理，有的套均总价在一两亿元，有的属于业内的创新豪宅，所以我就想把自己的豪宅营销心得总结一下，希望对一些拿了地王，又具备豪宅潜质的项目有一些帮助。

　　至于下篇主要是关于长租公寓REITs发展模式的一些探讨。租赁型住宅是我国十九大后政府重点倡导的置业形式，借鉴发达国家经验，REITs是保障长租公寓从融资、运营到退出最为重要的核心工具。它在我国的落地生根，也必然会成为一种重要的行业趋势，促进中国房地产和金融行业的发展。因此，我在美国留学伊始，就在一直关注着这些问题。

　　而真正开始落笔始于我导师刘伊生教授的建议，因此，我也就有了这本书的出版。老师孜孜不倦的治学态度，对我研究生期间的认真教诲和细心指导，令我印象深刻和敬仰，非常感谢他给了我帮助和引导。

另外我也非常感谢交大经管学院的各位中外老师，正是由于他们的培养和帮助，才能在两年的学习生涯中有如此大的收获。同时，我还要感谢我的同班同学，有了他们的沟通和互动，我收获了更多跨行业的思维方法、知识和友谊等，这些都促成了本书撰写过程中的一些思考。同时，我要感谢密苏里州立大学提供给自己的机会，可以在美国深入地理解美国的文化，体验到中西方思维的巨大不同。感谢Sean、Anna和众多师生的帮助。

特别要感谢家人对我的理解，正是他们的理解和支持，才能让我顺利完成交大和美国的学位。另外感谢出版社编辑及工作人员的支持，感谢他们在本书成稿出版和发行过程中给的建设性意见，希望能够不辜负你们的付出！

付佳明

2018 年 1 月

于美国密苏里州立大学

参考文献

上篇

[1] 胡润百富网站 .2017 至尚优品——中国千万富豪品牌倾向报告 [J/OL].

[2] 缪鎏 . 南京市商品住宅市场消费者行为研究 [D]. 江苏：南京航天航空大学硕士学位论文，2006：P2-3.

[3] 梁宁 . 住宅市场消费者行为研究 [D]. 陕西：长安大学硕士学位论文，2007：P2-4.

[4] 毕建军 . 厦门住房消费行为分析 [D]. 福建：厦门大学硕士学位论文，2009：P5.

[5] 田青青 . 住宅商品房市场消费者购房行为研究——以新余市为例 [D]. 新疆：石河子大学学位论文，2013：P2.

[6] Mateja Kos Koklic, Irena Vida. 2011. Consumer strategic decision making and choice process: prefabricated house purchase[J]. International Journal of consumer studies 1

月刊.

[7] Carol F. Landry. 2014. The Impacts of Time Pressure and Emotion on the Information Behavior of High Stakes Decision Makers: The Home Buying Experience [J]. Journal of Nantong Textile Vocational Technology collge 41, 99- 107.

[8] 黄绮宁.基于奢侈品消费者行为的营销策略研究——以中山地区豪宅营销策略为例 [D].成都：电子科技大学硕士学位论文，2013：P2.

[9] 王大海.中国文化背景下的消费者购买行为意向模型研究——基于面子和群体导向视角 [D].天津：南开大学博士学位论文，2009：P4-5.

[10] 邹世萍.B 公司基于消费者行为的市场营销策略研究 [D].上海：上海交通大学硕士学位论文，2012：P6-10.

[11] 董晖.普通住宅消费者购房决策因素的研究——以昆明市场为例 [D].云南：云南财经大学硕士学位论文，2014：P3.

[12] 康艺伟.消费者信息搜集对普通住宅购买决策的影响 [D].河南：郑州大学硕士学位论文，2016：P4.

[13] 甘伟.我国城市豪宅营销策略分析——以深圳华润·幸福里为例 [D].上海：复旦大学硕士学位论文，2010：P1.

[14] 张铮.论现代豪宅营销中的策略研究 [D].北京：首都经济贸易大学硕士学位论文，2010：P4.

[15] 初红桥.青岛豪宅市场营销策略研究 [D].山东：中国海洋大学

硕士学位论文，2013：P10.

[16]单晶.豪宅营销策略研究[D].辽宁：大连海事大学硕士学位论文，2014.

[17]谢金龙.一线城市豪宅公寓市场研究[J].中国房地产，2016（06）.

[18]豆丁网.豪宅营销的特点及趋势.http://www.docin.com/p-33471296.html.

[19]菲利普·科特勒.卢泰宏，高辉译.营销管理（第13版）[M].北京：中国人民大学出版社，2009：4月.

[20]刘永刚.中国富人地图[J].中国经济周刊，2013：1月刊，P54-56.

[21]迈克尔·R.所罗门.卢泰宏译.消费者行为学(第6版)[M].北京：电子工业出版社，2008.

[22]胡润百富网站.中国民生银行私人银行与胡润百富.2014-2015中国高净值人群需求报告调研[J/OL].http://www.hurun.net/CN/Research.aspx.

[23]胡润百富网站.泰康与胡润百富2016高净值医养白皮书[J/OL].http://www.hurun.net/CN/Research.aspx.

[24]Dorinth W. van Dijk, Marc K. Francke. 2017. Internet Search Behavior, Liquidity and Prices in the Housing Market [J]. Real estate economics 2月刊.

[25]Valarie A. Zenithal, Mary Jo Bitner, Dwayne D. Gremler. 张金成，白长虹等译.服务营销（原书第6版）[M].北京：机

械工业出版社，2016：8月第1版，P17-18.

[26] Christopher Lovelock, Joehen Wirtz. 韦福祥等译. 服务营销

（原书第7版. 全球版）[M]. 北京：机械工业出版社，2016年

7月第1版.

[27] 袁小丽. 中国房地产价格影响因素的实证研究 [D]. 四川：西南

财经大学硕士学位论文，2007.

[28] 张海云，郑春艳，张煜. 关于高净值客户资产配置的理论研究 [J].

哈尔滨金融学院学报，2013：第6期（总第122期），

P41-43.

[29] 芳珊. 消费者冲动购买行为之决定性因素探讨 [D]. 湖南：南华

大学传播管理研究所硕士论文，1993.

[30] 郭海. 万科求变 [J]. 新经济，2014：第18期.

[31] 车伟宁. 基于顾客价值链的房地产人文营销研究 [D]. 山东：中

国海洋大学硕士学位论文，2012.

[32] 毛学敏，周洁如. 体验营销中的消费者行为研究 [J]. 市场营销

导刊，2009：第2期.

[33] 沈苏华. 房地产企业营销方法研究 [J]. 商场现代化，2009：

第16期.

[34] 张超，何雄飞. 房地产关系营销策略 [J]. 合作经济与科技，

2009：第17期

[35] 谈小君. 大数据时代的营销创新体系研究 [J]. 商道，2015.

[36] 王蒙. 房地产体验营销及其策略研究 [D]. 湖北：华中农业大学

硕士学位论文，2008.

[37] R.Amit, J.H. Schoemaker. 1993. Strategic Assets and Organizational Rents[J]. Strategic Management Journal 14, 33-46.

[38] Jay B. Barney. 1991. Firm Resources and Sustained Competitive Advantage[J]. Journal of Management 17 第 1 期, 99-120.

[39] Liou.F. 2011. The effects of asset-light strategy on competitive advantage in the telephone communications industry[J]. Technology Analysis & Strategic management 23 第 9 期, 951-967.

[40] Sohn.J, Tang.H.G, Jang S. 2013. Dose the Asset-light and Fee-oriented Strategy Create Value[J]. International Journal of Hospitality Management 32, 270-277.

[41] Wernerfel.B. 1984. A Resource-Based View of The Firm[J]. Strategic Management Journal 5 第 2 期, 171-180.

[42] 李荣喜. 基于参考点的消费者选择行为及应用研究 [D]. 四川：西南交通大学博士学位论文, 2007.

[43] 陈伟强. 基于奢侈品态度的消费决策研究 [D]. 上海：东华大学硕士学位论文, 2007.

[44] 张翠. 基于情感体验的包装设计研究 [D]. 湖北：武汉理工大学硕士学位论文, 2009.

[45] 宋茜. 基于消费模式变迁的营销战略研究 [D]. 山东：青岛大学

硕士学位论文，2007.

[46] 王海贝. 基于消费行为分析的奢侈品营销管理 [D]. 北京：北京
交通大学硕士学位论文，2010.

[47] 朱艳丽. 基于消费行为的客户细分模型应用研究 [D]. 四川：四
川师范大学硕士学位论文，2007.

[48] 陈行. 基于消费需求的体验营销之探析 [D]. 安徽：安徽大学硕
士学位论文，2006.

[49] 张正林，庄贵军. 基于社会影响和面子视角的冲动购买研究 [J].
管理科学，2008：第 26 卷第 6 期.

[50] 程玉振. 基于顾客偏好的住宅产业市场策略研究 [D]. 北京：对
外经济贸易大学硕士学位论文，2003.

[51] 王晔. 南京万科金域蓝湾项目定价策略研究 [D]. 湖北：华中科
技大学硕士学位论文，2013.

[52] 王安民. 房地产定价方法研究 [D]. 天津：天津大学博士学位论
文库，2006.

[53] 覃姣玲. 房地产定价策略探讨 [J]. 大众科技，2010，第 8 期（总
第 132 期）.

[54] 蔡莉萍. 房地产豪宅项目的客户满意度研究——以广州汇景新
城为例 [D]. 广西：广西大学硕士学位论文，2015.

[55] 付佳明. 基于高净值人群置业行为的顶级豪宅营销研究 [D]. 北
京：北京交通大学硕士学位论文，2017.

下篇

[56] Susanne Ethridge Cannon, Stephen C. Vogt. 1994. REITs and Their Management AN analysisi of organization structure performance and management compensation [D]. Chigaco: DePaul University.

[57] Brent W. Ambrose, Peter Linneman. 1998. REIT Organizational Structure and operting characterisitics[D]. Chicago: the article of AREUEA meeting.

[58] John B. Corgel, Scott Gibson. 1999. Real Estate Private Equity: The Case of U.S. Unlisted REITs[J]. The Scholarly Commons of Cornell University School of Hotel Administration.

[59] Byron Gumbs. 2001. The Viability of the REIT Structure as a Vehicle for Real Estate Development[D]. Cambridge: the thesis of master's degree for Massachusetts Institute of Technology.

[60] Paul Beals, A. J. Singh. 2002. The Evolution and Development of Equity REITs: THE SECURITIZATION OF EQUITY STRUCTURES FOR FINANCING[J]. Journal of Hospitality Financial Management, volum 10, issue 1, article 3.

[61] Mitchell L. Berg, Peter E. Fisch, Ian S. 2003. TattenbaumUsing Private REITs to Minimize UBTI in Real Estate Investment Funds[J], THE REAL ESTATE FINAN CE JOURNAL.

[62] 卓百德.主要 REIT/LPT（上市房地产信托基金）特点对照表 [J]. Morganstanley 全球房地产行业报告 .2004：P5.

[63] 高瑛 . 房地产投资信托基金（REITs）风险管理研究 [D]. 上海：华东师范大学硕士论文，2006.

[64] 向永泉 . 房地产投资信托（REITs）：理论分析与中国实践 [D]. 厦门：厦门大学博士学位论文，2006.

[65] 王仁涛 . 房地产投资信托基金理论与实践研究 [D]. 上海：同济大学博士学位论文，2006.

[66] 陈柳钦 . 美国房地产投资信托基金的发展及其借鉴 [J]. 国家行政学院，2006：1 月刊，P80-83.

[67] 张威 .REITs 在我国的发展模式及组织体系研究 [J]. 上海科学管理，2007：第 1 期，P40-43.

[68] 李智 . 房地产投资信托（REITs）法律制度之基本理论 [J]. 河北法学，2007：第 25 卷第 9 期，P66-76.

[69] COLIN JONES. 2007. Private Investment in Rented Housing and the Role of REITs [J]. European Journal of Housing Policy, Vol. 7, No. 4, 383 - 400.

[70] JULIUS L. SOKOL. The Proliferation of Global REITs and the Cross-Borderization of the Asia Market[J]. San Diego

International Law Journal, June, P481-522.

[71]黄秀琴.房地产投资信托基金在中国应用初探[J].会计师,
2008: 8月刊, P14-16.

[72]曲世军.中国房地产金融风险判断及防范体系架构研究[D].长
春: 东北师范大学博士学位论文, 2008.

[73]刘运宏, 赵磊.REITs运行模式研究: 国际经验与制度选择[J].
首都师范大学学报, 2010: 第5期, P45-50.

[74]沈田丰, 韩灵丽.中国房地产市场引进REITs的制度障碍与创
新[J].财经评论, 2011: 第4期, P69-75.

[75]朱清.香港地区房地产投资信托(REITs)制度及其对内地的启
示[J].长春理工大学学报, 2012: 第25卷第8期, P78-80.

[76]熊伟伟.中国房地产投资信托基金(REITs)发展研究[D].广西:
广西大学硕士学位论文, 2012.

[77]王一丹,战松,姚瑞.城市房地产投资信托基金构建模式研究[J].
城市建设理论研究: 电子版, 2013: 第12期.

[78]王浩.我国房地产投资信托基金(REITs)法律制度困境及对策
研究[J].财经理论与实践(双月刊), 2013: 第34卷第182期,
P121-124.

[79]王建军, 苏超.房地产投资信托基金融资模式研究——以越秀
REITs为例[J].行政事业资产与财务, 2013年: 4月下, P81-
83.

[80]韩斌, 中国房地产融资模式创新研究——基于REITs的理论与
实践[D].北京: 对外经贸大学博士学位论文, 2013.

[81] 李智，韩磊.廉租房 REITs 的困境与脱困 [J].法学论坛，2014：第 3 期，P122-12.

[82] 王熊.基于 REITs 的养老地产融资模式研究 [D].重庆大学硕士毕业论文，2014.

[83] 邱冬冬.我国房地产信托转型发展研究 [D].重庆大学硕士毕业论文，2014.

[84] 张晓璐.房地产投资信托基金在北京公租房建设中的应用研究 [D].对外经济贸易大学，2014.

[85] 王冬.论房地产证券化及房地产信托投资基金 [J].现代营销：学苑版，2014：第 9 期，P72-73.

[86] Walter I. Boudry, Jarl G. Kallberg. 2014. REITs: Structure and Performance[J]. The Scholarly Commons of Cornell University School of Hotel Administration.

[87] 陈剑煜.天津市廉租房 REITs 的案例分析——基于金融制度创新理论的视角 [J].环渤海经济瞭望，2015：第 2 期，P33-36.

[88] 杨现领，王傲野.青年长租公寓：这是一片太平洋 [R].华创证券行业报告，2015：4 月.

[89] 任宇，夏俊.房地产投资信托基金研究文献综述 [J].产业经济评论，2005：第 3 期，P72-77.

[90] 王林秀，李志兰，马海松，张辉.房企参与公租房 REITs 模式优化及运作设计 [J].建筑经济，2015：第 5 期，P69-73.

[91] 黄荣鑫.我国房地产投资信托基金（REITs）制度构建缺失——中信启航专项资产管理计划方案评析 [J].广西政法管理干部学

院学报，2015：第 4 期，P102-108.

[92] 苏虹，陈勇 .REITs 对培育租赁市场的意义及发展路径探讨 [J].
城市发展研究，2016：第 4 期，P118-124.

[93] Bradley T. Borden. 2015. REFORMING REIT TAXATION（OR
NOT）[J]. Houston Law Review.

[94] Graeme Newell, Chyi Lin Lee, Valerie Kupke. 2015.
The opportunity of residential property investment vehi
cles in enhancing affordable rental housing supply[D].
Sydney: Australian Housing and Urban Research Institute.

[95] 方莉萍 . 我国发展 REITs 的阻碍以及模式构建 [J]. 环球市场信
息导报，2015：第 41 期，P19.

[96] 孔扬 . 公共租赁住房 REITs 融资创新初探——以深圳市公共租
赁住房为例 [J]. 现代经济信息，2015：第 12 期，P23-25.

[97] 卫露娟 . 我国 REITs 在应用中的问题及对策研究 [D]. 北京：首
都经济贸易大学，2016.

[98] 张磊 . 前海万科 REITs——实例分析 [J]. 邢台职业技术学院学
报，2016：第 2 期，P75-84.

[99] 刘伟平 . 长租公寓盈利模式探讨 [J]. 建筑工程技术与设计，
2016：6 月下，P3380.

[100] 周雪峰 .REITs 融资模式在河南省廉租房建设中的应用 [J]. 会
计之友，2016：第 8 期，P20-22.

[101] 赖迪辉，李娜 . 天津市公共租赁住房 REITs 融资模式的应用
可行性研究 [J]. 城市，2016：第 12 期，P54-60.

[102] 王建红 . 长租公寓行业发展现状、问题及对策研究 [J]. 住宅
与房地产，2016：11 月下，P237-240.

[103] 史馥 . 国内房地产投资信托基金（REITs）的发行模式及困境
探析 [J]. 价值工程，2017：第 9 期，P53-55.

[104] 谢皓宇，郝亚雯 . 站在风口的长租公寓 [R]. 广发证券研究报告，
2016：12 月 .

[105] 丁全 . 基于 REITs 的房地产企业融资模式探讨 [J]. 中国经贸，
2016：第 14 期，P144-145.

[106] 董续勇 . 地产金融新风口已至 [J]. 中国房地产业，2015：第
13 期，P8-10.

[107] 范心彬 . 鹏华前海万科 REITs 发行的案例分析 [D]. 江西：江
西财经大学硕士学位论文，2016.

[108] 林张萌 . 中国房地产投资信托（REITs）发展的法律壁垒——
以 "鹏华前海万科" REITs 为视角 [J]. 黑龙江省政法管理干部
学院学报，2016：第 4 期，P74-77.

[109] 张释文 . 房地产投资信托基金（REITs）的中国未来 [J]. 上海
人大，2016：第 5 期，P52-53.

[110] 侯丽科，卜文凯，申思聪 . 抢滩长租时代，谁与争锋？[R].
国泰君安证券行业专题研究，2017：2 月 .

[111] 肖月，宁静鞭，吕功绩 . 白银时代危与机(3)：租房新升级——
长租公寓 [R]. 中金公司证券研究报告，2017：3 月 .

[112] 龙天祎，陈飞虎，侯冰琪 . 契约型 REITs+ 内部治理结构 "委
托 – 代理" 问题研究 [J]. 工程管理学报，2017：4 月第 31

卷第 2 期，P141−146.

[113] 杨侃 . 长租公寓：万亿市场待启航 [R]. 平安证券地产行业专
题研究，2017：6 月 .

[114] 周雅婷 . 长租公寓行业研究报告 [R]. 华菁证券行业报告，
2017：6 月 .

[115] 乐加栋 . 政策暖风频吹，长租公寓崛起正当时 [R]. 广发证券
证券研究研究，2017：7 月 .

[116] 周宣 . 中国房地产政策跟踪报告 [R]. 中指研究院，2017：10 月 .

[117] 王舒雅 .REITs 的案例研究与可行性分析 [J]. 江苏商论，
2017：第 5 期，P91−93.

[118] 北大光华 REITs 课题组 . 中国租赁住房 REITs 市场发展研究
[R].2017.

图书在版编目（ＣＩＰ）数据

租售并举的二元时代 / 付佳明著 . —— 北京 : 中国
国际广播出版社 , 2018.4
ISBN 978-7-5078-4281-4

Ⅰ . ①租… Ⅱ . ①付… Ⅲ . ①住宅—市场营销学
Ⅳ . ① F293.352

中国版本图书馆 CIP 数据核字 (2018) 第 074149 号

租售并举的二元时代

编　　者	付佳明	
责任编辑	刘　晗	
装帧设计	董满强	
责任校对	有　森	

出版发行　中国国际广播出版社 ［010-83139469 010-83139489（传真）］

社　　址　北京市西城区天宁寺前街 2 号北院 A 座一层
　　　　　邮编：100055

网　　址　www.chirp.com.cn

经　　销　新华书店

印　　刷　北京市金星印务有限公司

开　　本　710×1000　1/16

字　　数　128 千字

印　　张　12.5

版　　次　2018 年 7 月 北京第一版

印　　次　2018 年 7 月 第一次印刷

定　　价　45.00 元